(漢)鄭　玄　注
(唐)賈公彦　疏

宋本周禮疏

第九册

國家圖書館出版

第九册目録

卷三十三

夏官司馬第四……一

大司馬一……三五

卷三十四

大司馬二……五七

小司馬……九一

軍司馬(闕)……九二

輿司馬(闕)……九二

行司馬(闕)……九二

卷三十五

司勳……九三

馬質……九八

量人……一〇二

小子……一〇六

羊人……一一〇

司爟……一一一

掌固……一一四

司險……一一八

掌疆(闕)……一二〇

候人……一二〇

環人……一二一

挈壺氏……一二六

卷三十六

射人……一三一

服不氏……一四四

射鳥氏……一四六

羅氏……一四七
掌畜……一四九
夏官司馬下……一四九
司士……一四九
諸子……一六三
司右……一六八
卷三十七
虎賁氏……一七一
旅賁氏……一七三
節服氏……一七四
方相氏……一七六
大僕……一七八
小臣……一八七
祭僕……一八八
御僕……一九一
隸僕……一九二
弁師……一九四
司甲(闕)……二〇三
司兵……二〇三
司戈盾……二〇六

周禮疏卷第三十三

唐朝散大夫行大學博士弘文館學士臣賈公彥等撰

夏官司馬第四鄭云象夏所立之官馬者武也言爲武者也夏整齊萬物天子立司馬共掌邦政政可以平諸侯正天下故曰統六師平邦國惟王建國辨方正位體國經野設官分職以爲民極乃立夏官司馬使帥其屬而掌邦政以佐王平邦國注政正也政所以正不正者也孝經說曰政者正也正德名以行道釋曰爲正者取平正之義大司馬主六軍所以正諸侯違王命不正者故鄭云所以正不正是以康子問政孔子云子帥以正孰敢不正孝經說者是孝經緯文云政者正也正德名以行道者亦是正者

先自正已之德名以行道則天下自然正引之以證正不正之事

政官之屬大司馬卿一人小司馬中大夫二人軍司馬下大夫四人輿司馬上士八人行司馬中士十有六人旅下士三十有二人府六人史十有六人胥三十有二人徒三百有二十人

釋曰此序官從大司馬至府六人其數與諸官同自史以下則異諸官皆云史十二人胥十二人徒百二十人獨此官史十有六人胥三十二人徒三百二十人與諸官異者以大司馬大摠六軍軍事尚嚴特須監察故胥徒獨多是以襄公三年六月晉悼公會諸侯盟于雞澤秋晉侯之弟揚干亂行於曲梁魏絳戮其僕晉侯怒對曰使臣斯司馬臣聞師衆以順爲武是其尚嚴

也注輿衆也行謂軍行列晉作六軍而有三行取名於此釋曰輿衆者案左氏傳僖二十八年晉侯聽輿人之誦是輿爲衆之義也云行謂軍行列者詩云寘彼周行是行得爲行列云晉作六軍而有三行取名於此者左氏僖二十八年云晉侯作三行以禦狄注云晉置上中下三軍今復增置三行避天子六軍之名以所加三軍者謂之三行彼名軍爲行取於此行司馬之名也

凡制軍萬有二千五百人爲軍王六軍大國三軍次國二軍小國一軍軍將皆命卿二千有五百人爲師師帥皆中大夫五百人爲旅旅帥皆下大夫百人爲卒卒長皆上士二十五人爲兩兩司馬皆中士五人爲伍伍皆

有長　釋曰云此大國次國小國者皆以命數同者軍數則同則上公爲大國侯伯爲次國子男爲小國也魯是侯爵而魯頌云公徒三萬注云萬二千五百人爲軍大國三軍合三萬七千五百人言三萬者舉成數也然當公之時其實二軍故襄公十一年作三軍則前無三軍矣若僖公時有三軍則中間應有合文注詩爲三軍者作詩之人舉魯盛時而言若然魯公伯禽之時則三軍矣魯語季武子爲三軍叔孫昭子曰不可又云今我小侯也明大侯之時有三軍矣鄭荅林碩爲二萬之大數者以實言之也此言軍將皆命卿及師帥皆中大夫旅帥皆下大夫卒長皆上士兩司馬皆中士伍皆有長者皆據在鄉爲鄉大夫州長黨正族師閭胥比長時尊卑命數而言伍皆有長是比長下士不言皆下士者注軍師旅卒兩伍皆衆名也以衆多官卑故略而不言也注伍一比兩一閭卒一族旅一黨師一州軍一鄉家所出一人　將帥長司馬者其師吏也言軍將皆命卿則凡軍帥不特置選於六官六鄉之吏

自鄉以下德任者使兼官焉鄭司農云王六軍大國三軍
次國二軍小國一軍故春秋傳有大國次國小國又曰成
國不過半天子之軍周爲六軍諸侯之大者三軍可也詩
大雅常武曰赫赫明明王命卿士南仲大祖大師皇父整我
六師以脩我戎既儆既戒惠此南國大雅文王曰周王于
邁六師及之此周爲六軍之見于經也春秋傳曰王使虢
公命曲沃伯以一軍爲晉侯此小國一軍之見于傳也百
人爲卒二十五人爲兩故春秋傳曰廣有一卒卒偏之兩下
釋曰鄭以經伍兩卒旅師軍皆據在鄉內民數而言者
以其凡出軍皆據六鄉爲數是以小司徒云凡起徒役無
過家一人是以鄭據在鄉之數而以家出一人結之也鄭
云言凡軍將皆命卿則凡軍帥不特置選於官六鄉之吏
者鄭言選於六官者謂王朝六卿此六軍之將還選六鄉
中有武者爲軍將也又別言六鄉之吏者據六鄉大夫及
州長黨正族師閭胥比長中有武者今出軍之時還遣在
鄉所管之長爲軍吏也鄭必知還遣本長爲軍吏者見管

子云因内政寄軍令且經並據在鄉時尊卑而言故知因遣其鄉之官而領之也是以州長職注云掌其戒令賞罰則是於軍因爲師帥自黨已下注皆云因爲旅帥因爲卒長閭胥已下雖不言因爲義可知又云自鄉已下德任者使兼官焉者案大司馬云師都載旜鄉遂載物鄭云鄉遂大夫或載旜或載物衆屬軍吏無所將則自鄉已下至伍長有武德堪任爲軍之吏者乃兼官兼官者在鄉爲鄉官在軍爲軍吏若無武德不堪任爲軍吏者則衆屬他軍吏身不得爲軍吏是無所將也是以詩云韎韐有奭以作六師鄭云諸侯世子除三年之喪未遇爵命服士服而來時王朝之官有武德者皆可代爲軍吏也先鄭云王六軍已有征伐之事天子以其賢任爲軍將是代爲軍將之事則下復引諸文者以當時有不信周禮者故引爲證言春秋有大國有次國有小國者此非春秋正文成三年冬十一月晉侯使荀庚來聘衛侯使孫良夫來聘公問諸臧宣叔曰中行伯之於晉其位在三孫子之於衛也位爲上卿將

誰先對曰次國之上卿當大國之中中當其下下當其
上大夫小國之上卿當大國之下卿中當其上大夫下當
其下大夫上下如是古之制也衛在晉不得爲次國晉爲
盟主其將先之丙午盟晉丁未盟衛蓋指此爲大國次國
小國也云又曰成國不過半天子之軍周爲六軍諸侯之
大者三軍可也者襄十四年晉侯舍新軍禮也成國不
過半天子之軍周爲六軍諸侯之大者三軍可也晉雖爲
侯爵以其爲霸主得置三軍故爲禮也云此周爲六軍之
見于經也者此引春秋及大雅常武與文王皆是正經故
云之見于經也此經言軍而詩云師者此皆軍也故鄭荅
林碩云軍者兵之大名軍禮重言軍爲其大悉故春秋之
兵雖有累萬之衆皆稱師詩云六師即六軍也然軍旅卒
兩皆衆名獨舉師者案易師彖云師貞丈人吉無咎軍二
千五百人爲師丈之言長也以法度爲人之長故吉無咎
謂天子諸侯而主軍軍將皆命卿天子六軍兵衆之名移矣
正言師者出兵而多以軍爲名次以師名少旅爲名言衆

舉中言之也由此言之故以師爲大名不言軍爲其大衆不言旅爲其中故以師表名見其得中以兼上下言軍以軍爲名謂征伐次以師爲名謂君行師從少以旅爲名謂卿行旅從之時也云春秋傳曰王使虢公命曲沃伯以一軍爲晉侯此小國一軍之見於傳者莊十六年傳文以其新并晉國雖爲侯爵以小國軍法命之故一軍也云故春秋傳曰廣有一卒卒偏之兩者宣十二年欒武子說楚之軍法云其君之戎分爲二廣服氏云左右廣各十五乘廣有一卒服氏云百人爲卒言廣有一卒爲承也卒偏之兩服氏云五十人曰偏二十五人曰兩廣既有一卒爲承承有偏偏有兩故曰卒偏之兩引之以證卒是百人兩爲二十五人意也

一軍則二府六史胥十人徒百人

釋曰此非常也有軍則置之無則已廢史不言府二人史六人而逆言其數著欲見所置非常故到言以見義也

司勳上士二人下士四人府二人史四人胥二人徒二十人

釋曰此已下六十官以大司馬主軍法所有軍事及武勇官爵賞賚整齊之等皆屬焉序官前後亦不據尊卑直取事急者居前事緩者居後是以司勳及馬質已下皆士官而居前射人諸子司士之等大夫官而居後也但司馬主征伐軍無賞士不往凡軍以賞爲先故僖二十八年秋七月晉文公獻俘授馘飲至大賞武王入殷封功臣謀士師尚父爲首故司勳列位在前上士二人爲官下士四人爲之佐府二人主藏文書史四人作文書草胥二人爲十長徒二十人給繇役

注故書勳作勛鄭司農云勛讀爲勳勳功也此官主功賞故曰掌六鄉賞地之法以等其功

釋曰先鄭不從古書勛而從勳者勛是古字從今之勳也云掌六鄉賞地之法以等其功者

司勳職文

馬質中士二人府一人史二人賈四人徒八人

注質平也主買馬平其大小之賈直　釋曰司馬者主以供軍之用馬質主平馬賈買之故亦列職居前也然不使與校人相近而在此者平馬大小賈直故使與量人相近故也以其主司馬故屬夏官

量人下士二人府一人史四人徒八人

注量猶度也謂以丈尺度地　釋曰在此者以其掌營軍之壘舍量其市朝州塗軍社之所里其中雖有餘事要以軍事為重故亦列職於此也

小子下士二人史一人徒八人

注小子主祭祀之小事　釋曰在此者以其職有掌小祭祀羞羊肆釁軍器師田掌斬牲徇陳之事故屬此也

羊人下士二人史一人賈二人徒八人 釋曰羊人在此者以其職有掌羊牲及祭祀割牲等之事羊屬南方火司馬火官故在此案說卦云兌爲羊注云其畜好剛鹵又易說云大山失金雞西嶽云玉羊玉羊者西嶽之精而羊不在西方者羊有二義案五行傳云視之不明則有羊禍注云羊畜之遠視者屬視故列在夏官兌爲羊又屬西方也

司爟下士二人徒六人 注故書爟爲燋杜子春云燋當爲爟書亦或爲爟爟爲私火玄謂爟讀如予若觀火之觀今燕俗名湯熱爲觀則爟火謂熱火與 釋曰在此者案其職有行火之政令火屬南方故在此也子春不從古書燋還從爟爟爲私火者民間理爨之火爲私火亦如後鄭爲熱火也後鄭讀如予若觀火者盤庚告其羣臣不欲徙而匿情者予若觀熱也我有刑罰如熱火可畏故引燕俗以傷熱爲觀亦取熱火之

義後鄭云謂熱火與者對秋官司烜氏以夫燧取火於日
中爲明者爲冷火破字爲疑故云與也孔安國以觀爲視
我觀汝情如視火與鄭義異也若然司
烜氏不在此者彼取金義故在秋官也

掌固上士二人下士八人府二人史四人胥四
人徒四十人注固國所依阻者也國曰固野曰險易曰王公設險以守其國　釋曰鄭云固國所
依阻者也者欲見固據在國而言云國曰固野曰險者對
下文司險是在野之義也以其掌固職云掌脩城郭溝池
樹渠之固並據國而言司險職云周知山林川澤之阻而
達其道路皆據在野而言故知在野曰險又引易者易坎
卦彖云天險不可升地險山川丘陵王公設險以守其國
引之證固是在國王公設之以守國若然易云王公設險
險即此固以其言王公設之非是在野自然之險者也是
對之則險固異散則險固通名也掌固司險在此者取整

齊之義故也

司險中士二人下士四人史二人徒四十人

掌疆中士八人史四人胥十有六人徒百有六十人 注疆界也 釋曰在此者案其職關雖未知其事蓋掌守疆界亦是禁戒之事故在此也

候人上士六人下士十有二人史六人徒百有二十人 注候候迎賓客之來者 釋曰在此者案其職云各掌其方之道治與其禁令以設候人是候迎賓客之事故詩云彼候人兮荷戈與祋亦是武事故在此也

環人下士六人史二人徒十有二人 注環猶卻也以勇力卻敵

釋曰在此者案其職云掌致師察軍慝皆是軍師之事也故在此也

挈壺氏下士六人史二人徒十有二人注挈讀如絜髮之絜壺盛水器也世主挈壺水以爲漏釋曰在此者案其職云掌挈壺以令軍井挈轡以令舍挈畚以令糧又云凡軍事懸壺以序聚欜皆爲軍事故在此也鄭讀挈如絜髮之絜者詩云總角之宴毛傳云總角結髮此鄭依毛傳絜即結之義也鄭云世主挈壺水以爲漏者以其稱氏此則官有世功則以官爲氏故以世主解之也

射人下大夫二人上士四人下士八人府二人史四人胥二人徒二十人釋曰在此者以其主射事射即武事故在此也

服不氏下士一人徒四人注服不服不服之獸者釋曰在此者以其服不服

之獸象王者伐叛柔
服之義故在此也

射鳥氏下士一人徒四人 釋曰在此者案其職云掌
射鳥亦是武事在此宜也

羅氏下士一人徒八人 注能以羅罔捕鳥者郊特牲
曰大羅氏天子之掌鳥獸者
釋曰在此者案其職云掌羅烏鳥亦是武事故在此也引
郊特牲云大羅氏天子之掌鳥獸者案彼云大羅氏天子
之掌鳥獸者諸侯貢屬焉彼大羅氏則此羅氏為一彼稱
大對諸侯此直曰羅氏此無所對故不稱大此職唯羅鳥
不主獸彼兼言獸者諸侯所貢
鳥獸屬焉則兼掌所貢之獸也

掌畜下士二人史二人胥二人徒二十人 注畜謂斂而養
之 釋曰在此者案其職云掌養鳥而阜蕃教擾之是專
養鳥其職注謂鵝鶩之屬是斂而養之鳥是羽蟲屬南方

故在此也

司士下大夫二人中士六人下士十有二人府二人史四人胥四人徒四十人釋曰在此者以其職云掌以德詔爵以功詔祿與大司馬云進賢興功同故列職於此也

諸子下大夫二人中士四人府二人史二人胥二人徒二十人注諸子主公卿大夫士之子者或曰庶子　釋曰在此者案其職云若有甲兵之事則授之車甲故亦在此也鄭云諸子主公卿大夫士之子者案其職云掌國子之倅倅副代父者是公卿大夫上之適子皆是倅故鄭歷言之云或曰庶子者案禮記燕義及此諸子爲庶子故言或曰以其燕禮有庶子執燭之

事彼據諸子謂之庶子故燕義兼說天子諸子之事
諸庶爲一皆掌公卿大夫士之適故通謂之庶子也

司右上士二人下士四人府四人史四人胥八人徒八十人注右謂有勇力之士充王車右　釋曰在此者王車之右執干戈以衛王亦是武事故在此也鄭知勇力者其職云國之勇力之士能用五兵者屬焉鄭云選右當於中是用勇力充之者也

虎賁氏下大夫二人中士十有二人府二人史八人胥八十人虎士八百人注不言徒曰虎士則虎士徒之選有勇力者　釋曰在此者亦衛守王在此宜也鄭云不言徒曰虎士則虎士徒之選有勇力者以其在胥下例皆是徒今不言徒而曰虎士明先是徒之選有勇力者乃爲之以當徒處

旅賁氏中士二人下士十有六人史二人徒八人 釋曰在此者案其職云掌執戈盾夾王車而趨左八人右八人車止則持輪言旅見其衆言賁見其勇亦是衛守王事故在此也

節服氏下士八人徒四人 注世爲王節所衣服 釋曰在此者案其職云郊祀二人執戈送逆尸從車亦是武事故在此也鄭云世爲王節所衣服者以其著服與王爲節而稱氏故知官有世功則曰官族然凡稱氏者鄭雖不釋爲世功但注有詳略從可知也

方相氏狂夫四人 注方相猶言放想可畏怖之貌 釋曰在此者案其職云蒙熊皮黃金四目玄衣朱裳執戈揚盾可畏怖亦是武事故在此也鄭云方相猶言放想者漢時有此語是可畏怖之貌故云方相也

大僕下大夫二人小臣上士四人

祭僕中士六人

御僕下士十有二人府二人史四人胥二人徒二十人

注僕侍御於尊者之名大僕其長也　釋曰在此者凡言僕御者是武衛之事又大僕職凡軍旅田役贊王鼓是凡僕御皆連類在此也大僕已下四官同府史也小臣其職云掌王之小命詔相王之小法儀祭僕其職云掌受命於王以視祭祀御僕其職云掌羣吏之逆及庶民之復大僕爲長故連類在此若然府史胥徒在御僕下者是四官别職同官故共府史胥徒也

隸僕下士二人府一人史二人胥四人徒四十

人注此吏而曰隸以其事褻　釋曰在此者以僕皆在此
故亦在此但所掌事褻故別官職不屬大僕鄭云此吏
而曰隸以其事褻者此經言下士二人即是吏案秋官
有罪隸已下是奴稱隸以其掌褻故與賤同稱隸也

弁師下士二人工四人史二人徒四人釋曰在此者以夏物
長大而盛壯人年長大乃冠以象注弁者古冠之大稱委
夏故不同司服在春官而在此也貌緇布曰冠　釋曰
案禮記郊特牲及士冠記皆云夏收殷冔周弁三代皆祭
冠則弁亦冕也即是六冕皆得稱弁若然皮弁爵弁自然
是弁故鄭云弁者古冠之大稱也云委貌緇布曰冠者此
二者對皮弁爵弁六冕唯曰冠若散文亦得言弁故司服
云凡田冠弁服凶事
服弁服皆得言弁也

司甲下大夫二人中士八人府四人史八人胥

八人徒八十人注甲今之鎧也司甲兵戈盾官之長也 釋曰在此者其職雖闕但甲者軍師所用在此宜也言甲今之鎧者今古用物不同其名亦異古用皮謂之甲今用金謂之鎧從金為字也云司甲兵戈盾官之長者以其此官下大夫又在上已下皆士官故云長也

司兵中士四人府二人史四人胥二人徒二十人 釋曰在此者案其職云掌五兵五盾及授兵從司馬之法此亦為軍事在此宜也

司戈盾下士二人府一人史二人徒四人 釋曰在此者案其職云祭祀授旅賁殳故士戈盾授舞者兵皆武事故在此也 注戈今時句孑戟 釋曰案冬官冶氏為戈戟戈則兩刃長六尺六寸戟則三刃長丈六尺形既不同鄭云戈句孑戟而為一故解之者鄭舉漢法以況之漢時

見戈有旁出者爲句孑亦名
胡子故號戈爲句孑戟也

司弓矢下大夫二人中士八人府四人史八人胥八人徒八十人注司矢弓弩矢箙官之長　釋曰在此者案其職云掌六弓四弩八矢給武之所用在此宜也云司弓矢弓弩矢箙官之長者司弓矢下大夫已下繕人稾人皆士官故得與之爲長也鄭云司弓弩即繕人也

繕人上士二人下士四人府一人史二人胥二人徒二十人注繕之言勁也善也　釋曰在此者案其職云掌王之用弓弩矢箙亦是武事故在此也云繕之言勁也善也者以其所掌弓弩有堅勁而善堪爲王用者乃入繕人以矢王故鄭爲此解之也

槀人中士四人府二人史四人胥二人徒二十人注鄭司農云槀讀爲芻槀之槀箭幹謂之槀此官主弓弩箭矢故謂之槀人 釋曰在此者職云掌六弓八矢四弩是軍事所用故在此也先鄭云箭幹謂之槀案冬官矢人云以其笴厚爲之羽深後鄭云笴讀爲槀謂矢幹古文假借字則此槀人非直掌矢槀兼主弓弩矢服等而云槀人者以槀爲主耳故云此官主弓弩箭矢故謂之槀人

戎右中大夫二人上士二人注古者參乘止充戎路之右田獵亦御之右焉

釋曰此戎右并下僕馭在此者皆是防衛之官故皆在此云古者參乘者若在軍爲元帥則將居鼓下將在中御者在左若凡平兵車則射者在左御者居中若在國則尊者在左御者亦中央其右是勇力之士執干戈常在左右故云古者參乘也云此充戎路之右田獵亦爲之右者案巾車王路有五案下文僕亦有五唯此戎右巳下有三不見

玉路祀之右又不見六路田路之右故以田戎相類齊祀相因故以類相兼故戎右兼田右齊右兼祀右若然僕有五不兼者僕難於右是以六藝之中有五御而不言右也案巾車玉路居前戎路在後此右在前又戎右大夫齊右下大夫道右上士戎右官人尊者夏官王事尚威武故戎右居前使官尊也

齊右下大夫二人 注充玉路金路之右 釋曰充金路爲王故云齊案曲禮云立如齊注齊謂祭祀時則齊雖施於祭前當祭時亦名齊故得兼金玉二路而鄭不言亦以其齊同故也

道右上士二人 注充象路之右 釋曰在朝所以行道是以名車爲道車以巾車五路差之上巳有玉金革木之等此道右當充象路之右可知不兼而官卑者以其上四事行事簡故使兼此道右日日視朝行事繁故不兼以其事卑於齊戎之等故官亦卑也

大馭中大夫二人 注馭之最尊 釋曰在此者亦是衛守之事在此宜也云馭之最尊者以其御玉路以祀故云最尊以是特尊不與下同名僕而謂之大馭也若然戎右在前尚威武此戎僕在前者以其僕雖駕馭爲難仍非武事故退戎僕於後進大馭於前也仍尊戎僕在齊僕之上而使中大夫爲之與戎右尊卑同也

戎僕中大夫二人 注馭言僕者此亦侍御於車 釋曰上大僕已下言僕並是侍御之官稱僕今此馭車之人亦言僕者在車亦是侍御之類故云亦侍御於車也

齊僕下大夫二人 注古者王將朝覲會同必齊所以敬宗廟及神明 釋曰齊而敬神明者案曲禮下注云春夏受贄於朝受享於廟秋冬一受之於廟是朝覲敬宗廟案覲禮及司儀會同之時設方明

於壇上設六玉以禮方明之神是會同敬神明巾車云金
路建大旂以賓則金路主爲賓路賓路則諸侯與王行朝
覲會同之禮故鄭以
朝覲會同以釋齊也

道僕上士十有二人 注主朝朝莫夕主御王以與諸
臣行先王之道 釋曰案上齊
右已下至齊僕皆二人唯戎右與道僕人數多者則戎右
有所斬殺故左氏傳晉縛秦囚萊駒爲右使萊駒斬之故
人多也道僕所以特多者以朝夕在朝來往駕脫難而且
煩故人最多也鄭云王朝覲莫夕主御者此釋人多之意
云王以與諸臣行先王之
道者此釋稱道之言也

田僕上士十有二人 釋曰人亦多者王有四時之田
兼有園囿遊獵及取鮮獸之等
亦是事繁而難
故亦特多也

馭夫中士二十人下士四十人釋曰案其職云掌馭貳車從車使車之等馭僕之類故亦在此馭夫摠六十人案校人三乘為皁皁一趣馬三皁為繫繫一馭夫則馬三十六匹一馭夫許良二千一百六十匹則六十馭夫又駑六麗一師六師一趣馬六趣馬一馭夫則一馭夫主四百三十二匹駑千二百九十六匹則馭夫三人并前六十三人與此不合者蓋此序官脫三人也

校人中大夫二人上士四人下士十有六人府四人史八人胥八人徒八十人釋曰在此者以馬共軍所用故其職云凡軍事物馬而頒之故在此官特尊而多者以王馬多故也注校之為言校也主馬者必仍校視之校人馬官之長釋曰云校之為言校也者讀從曲禮與少儀效馬效羊取效見義以其養官畜者必效見之故鄭云主馬者

必仍校視之仍者相仍有時數數程見之也云校人馬官之長者與下趣馬至圉人爲長有事皆取長官法度

趣馬下士皁一人徒四人　注趣馬趣養馬者也鄭司農說以詩曰蹶惟趣馬　釋曰在此者案其職云掌正良馬而齊其飲食是以鄭云趣馬趣養馬者故在此也先鄭說以詩云蹶惟趣馬者彼詩是刺幽王之詩其詩臣名蹶唯作趣馬之官權寵之例引以證趣馬是官名也

巫馬下士二人醫四人府一人史二人賈二人徒二十人　釋曰巫知馬崇醫知馬病故連類在此也注有賈者治馬死生須知馬價故有賈人也　巫馬知馬祖先牧馬社馬步之神者馬疾若有犯焉則知之是以使與醫同職　釋曰馬祖之等並在下文有人犯者與爲崇巫則知之爲之謝過必與醫同職者巫言無崇則是時氣及損傷付醫治之故二官同職也

牧師下士四人胥四人徒四十人注牧放馬而養之釋曰在此者案其職云掌牧地是放馬故與校人連類在此也

廋人下士閑二人史二人徒二十人注廋之言數釋曰在此者案其職云掌十有二閑之政皁馬佚特之等故與馬官連類在此也

圉師乘一人徒二人圉人良馬匹一人駑馬麗一人釋曰在此者以其掌養馬也注養馬曰圉四馬爲乘良善也麗耦也釋曰在此者案其職云掌養馬芻牧之事以役圉師亦是爲馬故亦連類在此也

職方氏中大夫四人下大夫八人中士十有六

人府四人史十有六人胥十有六人徒百有六十人注職主也主四方之職貢者職方氏主四方官之長　釋曰在此者司馬主九畿職方制其貢事相成故在此官尊而人多以其主天下人民貢賦之事事繁故也云主四方官之長者與下諸言方者爲長也

土方氏上士五人下士十人府二人史五人胥五人徒五十人注土方氏主四方邦國之土地　釋曰在此者案其職云以土地相宅而建邦國都鄙與職方連類在此也故主四方邦國之土地

懷方氏中士八人府四人史四人胥四人徒四十人注懷來也主來四方之民及其物　釋曰在此者案其職云掌來遠方之民致方貢致遠物故與職

方連類在此也

合方氏中士八人府四人史四人胥四人徒四

十人注合方氏主合同四方之事　釋曰在此者案其職云掌達天下之道路通其財利同其數器故注云主合同四方之事故亦連類在此也

訓方氏中士四人府四人史四人胥四人徒四

十人注訓道也主教道四方之民　釋曰在此者案其職云掌道四方之政事與其上下之志誦四方之傳道故注云教導四方之民故連類在此也

形方氏中士四人府四人史四人胥四人徒四

十人注形方氏主制四方邦國之形體　釋曰在此者案其職云掌制邦國之地域而正其封疆故注云主制四方邦國之形體故其類在此

山師中士二人下士四人府二人史四人胥四人徒四十人釋曰在此者案其職云掌山林之名辨其物與其利害而頒之于邦國使致其珍異之物案王制云名山大澤不以封故天子立山師以邍掌之使貢故與職方亦連類在此也

川師中士二人下士四人府二人史四人胥四人徒四十人釋曰在此者案其職與山師同故亦連類在此

邍師中士四人下士八人府四人史八人胥八

人徒八十人注邍地之廣平者釋曰在此者案其職云掌四方之地名辨其丘陵墳衍原隰之名故連類在此也注云邍地之廣平者爾雅文也

匡人中士四人史四人徒八人注匡正也主正諸侯以法則釋曰在此者案其職云掌達法則匡邦國而觀其慝使無敢反則以聽王命注云主正諸侯以法則故連類在此也

撢人中士四人史四人徒八人注撢人主撢序王意以語天下釋曰在此者案其職云掌誦王志道國之政事以巡天下之邦國而語之故注云主撢序王意以語天下故連類在此也

都司馬每都上士二人中士四人下士八人府二人史八人胥八人徒八十人釋曰言每都上士二人已下者此王

自以臣爲司馬遥掌都内故其職云掌都之士庶子及其兵衆庶車馬兵甲之戒令聽於國司馬旣是軍故在此也

注都王子弟所封及三公采地也司馬主其軍賦　釋曰鄭據何知都唯有王子弟所封及三公采地不通卿大夫者案司裘云諸侯則共熊侯豹侯卿大夫則共麋侯卿不入諸侯之中故知義然云司馬主其軍賦者即司馬法云成出士十人徒二十人之等並是都司馬所主也

家司馬各使其臣以正於公司馬 注家卿大夫采地正猶聽也公司馬國司馬也卿大夫之采地王不特置司馬各自使其家臣爲司馬主其地之軍賦往聽政於王之司馬王之司馬其以王命來有事則曰國司馬　釋曰云家卿大夫采地者案載師職家邑任稍地謂大夫采地小都任縣地謂卿之采地大都任疆地謂三公采地則卿入小都中今此經直言家而小都入家中不在上都中者司馬主軍事嚴

疑爲主須辨尊卑故依司裘卿與大夫不得稱諸侯者爲
家又不使王臣爲之也若然都宗人家宗人及都士家士
皆使王臣爲之者都家宗人有祖王之廟九皇六十四民
王所當祭故使王臣爲之都家之士以獄訟刑罪王政之
重非王臣不決故亦使王臣爲之但非嚴凝故卿入都耳
云王之司馬其以王命來有事則曰國司馬者其職云以
聽於國司馬對此從
下向上則曰公司馬

大司馬之職掌建邦國之九灋以佐王平邦國

注平成也正也　釋曰此九法已下皆言邦國則施於諸
侯爲王故云邦國也云以佐王平邦國者九法以糾察諸
侯使之成正故以平言之也但此九法據殷同之時建之
故大行人云殷同以施天下之政注云政謂邦國之九法
則殷同之時司馬明
布告之故云建也

制畿封國以正邦國

注封謂
立封於

疆爲界　釋曰謂制諸侯五百四百里之等各有封疆界分乃得正故云以正邦國　**設儀辨位以等邦國**　注儀謂諸侯及諸臣之儀辨別也別尊卑之位　釋曰鄭知儀中有諸侯及諸臣者以此經云等邦國案大行人云以九儀辨諸侯之命等諸臣之爵鄭云九儀謂命者五公侯伯子男也爵者四孤卿大夫士也知九儀中唯有諸侯諸臣無天子之臣案大宗伯云以九儀之命正邦國之位注云每命異儀則九儀之中謂人命以至九命之儀其中有六命八命并九命作伯兼有王臣則與此異也　**進賢興功以作邦國**　注興猶舉也作起也起其勸善樂業之心使不惰廢　釋曰進賢謂臣舊在位有德行者在草萊有德行未遇爵命者進之使稱才任用興舉也臣有功者舉之亦使任用行起也以臣有賢有功舉之與官則起邦國之内勸善樂業之心使不惰廢善業也　**建牧立監以維邦國**　注牧

州牧也監監一國謂君也維猶聯結也　釋曰二百一十
國以爲州州有牧使維持諸侯人一國立一監以監察一
國上下相維故云以維邦國也此
則大宰云建其牧立其監亦一也　**制軍詰禁以糾**
邦國　注詰猶窮治也糾猶正也　釋曰案上文大國三
軍次國二軍小國一軍也詰禁者案士師有五禁
天子禮此諸侯國亦當有五禁以　**施貢分職以任邦**
相窮治相糾正故云以糾邦國也
國　注職謂賦稅也任猶事也事以其力之所堪　釋曰施
貢多少據國地大小故地官大國貢半次國三之一小
國四之一皆由天子施之此大宰九貢并小行人春令入
貢皆是歲之常貢與大行　因朝而貢者異也分職者即
大宰所云九職是也彼據畿內此據諸侯諸侯邦國亦由
天子分之使民有職業因使稅之所稅者市之以充貢若
然言貢據向天子而言云稅據民所爲爲說　**簡稽鄉**
事相因皆所以任邦國故云以任邦國也

民以用邦國注簡謂比數之稽猶計也釋曰注云簡謂比數之稽猶計也謂比數計會鄉民而用之故云以用邦國也均守平則以安邦國注諸侯有土地者均之尊者守大卑者守小則法也釋曰言均守謂五等諸侯有五等受地五百里巳下是均守也平則者則法也謂五等職貢之等皆有常法則邦國獲安故云以安邦國比小事大以和邦國注比猶親使大國親小國小國事大國相合和也易比象曰先王以建萬國親諸侯釋曰案司儀有五等諸侯自相爲賓亦有五等諸侯之臣相爲國客案春秋有小國朝大國大國聘小國故鄭云使大國親小國釋經比小也云小國事大國釋經事大使相合和故云以和邦國也引易比象者其卦坤下坎上坤爲土坎爲水水得土而流土得水而柔是水土和合故象先王建萬國親諸侯謂法卦行事使諸侯相親引之者證比小事大之義以九伐

之灋正邦國注諸侯有違王命則出兵以征伐之所以正之也諸侯之于國如樹木之有根本是以言伐云　釋曰鄭云諸侯有違王命則出兵以征伐之所以正之也者此經與下文爲目則下九者皆是違王命者也若然案下文九者唯有賊賢害民一者稱伐其餘八者皆不言伐此經揔言伐者侵滅二者亦是伐之例其餘六者皆先以兵加其境服乃眚之墠之削之正之殘之杜之故皆以伐言之云諸侯之於國如樹木之有根本是以言伐云者案月令孟夏云無伐大樹孔子云伐一木不以其時非孝子是樹木稱伐此九伐施於邦國在於時會之時是以大行人云時會以發四方之禁注云禁謂九伐之法是當時會者也

馮弱犯寡則眚之注馮猶乘陵也言不字小而侵侮之眚猶人眚瘦也王霸記曰四面削其地　釋曰云馮弱據以強陵弱云犯寡據以大侵小如此者皆瘦其地使不得強大也引王霸記者其記王及霸事者云四面削其地者

對下文削之者不四面削之爲異也 **賊賢害民則伐之** 注春秋傳曰粗者曰侵精者曰伐又曰有鍾鼓曰伐則伐者兵入其竟鳴鍾鼓以往所以聲其罪 釋曰云賊賢者亂王所任任同己者如此則賊虐諫輔故云賊賢也云害民者以君臣俱惡重賦多徭其民被害故曰害民如此者則聲鍾鼓伐之也引春秋傳者案莊十年二月公侵宋公羊傳曰觕者曰侵精者曰伐何休云觕麤也彼不言粗此言粗者鄭讀傳與何異觕即粗義亦同也又曰有鍾鼓曰伐者此莊二十九年夏鄭人侵許左氏傳曰凡師有鍾鼓曰伐無曰侵引此二者皆證侵輕伐重之義也 **暴內陵外則壇之** 釋曰暴內即上云賊賢害民是也陵外即上云馮弱犯寡是也上二文各有其一故伐之眚之不奪其位此則外內之惡兼有故壇之奪其位立其次賢 注 內謂其國外謂諸侯壇讀如同墠之墠王霸記曰置之空墠之地鄭司農云壇讀從憚之以威之憚書亦或爲墠玄謂置之空墠以出其君更立其

次賢者　釋曰鄭云讀如同墠之墠從金縢三壇同墠之墠取其除地曰墠謂置之空地先鄭讀從憚之以威之憚此罪既重而直憚之於義不可故後鄭還從王霸記爲正鄭知立其次賢者以其古者不滅國故知更立次已下賢子弟　野荒民散則削之　注荒蕪也曰不治民不附削其地明其不能有　釋曰古者量地以制邑度地以居民地邑民居必參相得無曠土無遊民今言野荒民散由君政惡民並適彼樂國故民散而野荒是其君不能有故削之　負固不服則侵之　釋曰謂倚恃險固不服事大國則以兵侵之使弱其勢也　注負猶恃也固險可依以固者也不服不事大也侵之者兵加其竟而已用兵淺者詩曰密人不恭敢距大邦　釋曰云固險可依以固者也者謂若僖四年楚屈完云楚國方城以爲城漢水以爲池雖君之衆無所用之是其負固不服也云不服不事大即上云比小事大是其服者也云用兵淺者對伐是用兵深者

以其罪輕直侵之而已也詩云者大雅皇矣篇引之者證不服也

賊殺其親則正之注正之者執而治其罪王霸記曰正殺之也春秋僖二十八年冬晉人執衛侯歸之于京師坐殺其弟叔武

釋曰鄭云正之者執而治其罪者其正未必即是殺但賊殺其親其罪尤重故以正爲殺解之是以王霸記以正爲殺也引晉人執衛侯歸于京師京師據洛邑而言也云坐殺其弟叔武者案彼傳晉侯伐衛衛侯出奔楚晉侯敗楚於城濮其弟以受盟既受盟國則無罪衛侯即入將入與弟叔武爲期衛侯先期入叔武將沐聞君至喜捉髮走出前驅歂犬射而殺之衛侯知其無罪枕之股而哭之元咺舊在國是叔武黨見衛侯殺弟遂訴衛侯於晉晉以衛侯有罪諸侯不相治罪遂執衛侯歸於京師時使醫衍酖衛侯甯俞貨醫衍薄其酖不死是坐殺弟合正之事也

放弑其君則殘之注放逐也殘殺也王霸記曰殘滅其爲惡

釋曰鄭以逐解放則若季氏

逐昭公之類是也鄭雖不解弒弒其君則若慶父弒二君及崔杼弒君之類是也鄭云殘殺者以殺解殘也經本不云殺不云滅云殘者蓋取殘賊殺之殺之苦毒故尚書拵材云戕敗人宥注戕殘也又云無胥戕無胥虐注云無相殘賊無相暴虐是戕爲殘賊也異義鄭君以爲左氏宣十八年秋七月云邾人戕鄫子于鄫傳曰凡自內虐其君曰弒自外曰戕即邾人戕鄫子是也自內弒其君曰弒若晉人弒其君州蒲是也雖他國君不加虐亦曰殺若加虐殺之乃謂之戕之取殘賊之意也若自上殺下及兩下自相殺之等皆曰殺若然此經云殘者是加虐殺之雖非他國君至於賊臣亦云殘也

犯令陵政則杜之注令猶命也王霸記曰犯令者違命也陵政者輕政法不循也杜之者杜塞使不得與鄰國交通

釋曰鄭訓令爲命者欲就王霸記之命解之爲王命之意也但犯命陵政是不受上命不通之事故還杜塞之使不與四鄰交通

外內亂鳥獸行

則滅之 注王霸記曰悖人倫外內無以異于禽獸不可親百姓則誅滅去之也曲禮曰夫唯禽獸無禮故父子聚麀 釋曰外亂謂若齊襄公淫於妹魯桓夫人文姜之等是也內亂謂家內若衛宣公上烝父妾下納子妻之等是也引曲禮者鹿之父子聚麀獸之亂不言鳥之亂義可知故略而不言也案春秋公羊左氏說凡征戰有六等謂侵戰伐圍入滅用兵麤觕不聲鍾鼓入境而已謂之侵侵而不服則戰之謂兩陳交刃戰而不服則伐之謂用兵精而聲鍾鼓伐而不服則圍之謂帀其四郭圍而不服則入之謂入其四郭取人民不有其地入而不服則滅之謂取其君此皆舉重而言假令先入後滅書入舉重已外盡然

正月之吉始和布政于邦國都鄙乃縣政象之灋于象魏使萬民觀政象挾日而斂之 注以正月朔日布王政於天下至正歲又縣政法之書挾日十

日也　釋曰正月謂周正建子之月之吉謂朔日始和凡政有故言始和者若改造云耳布政于邦國都鄙者謂上九法九伐并下凡令以下皆此時布之邦國據畿外都鄙據畿內不言鄉遂及公邑布政可知此則徧天下也云乃縣已下亦謂正歲乃縣之一與大宰同不復具釋也乃以九畿之籍施邦國之政職方千里曰國畿其外方五百里曰侯畿又其外方五百里曰甸畿又其外方五百里曰男畿又其外方五百里曰采畿又其外方五百里曰衛畿又其外方五百里曰蠻畿又其外方五百里曰夷畿又其外方五百里曰鎮畿又其外

方五百里曰蕃畿 釋曰乃以九畿之籍者謂以面五千里爲九畿皆有典籍之書今大司馬以此籍書施其政職之事於邦國諸侯也云方千里曰國畿者此據王畿内千里而言非九畿之畿但九畿以此國畿爲本向外每五百里加爲一畿也云侯者候也爲天子伺候非常也云甸者爲天子治田以出賦貢云男者任也任王者之職事云采者采取美物以共天子云衛者爲天子衛守云蠻者縻也以近夷狄縻繫之以政教自此已上六服是中國之九州自此已外是夷狄之諸侯此蠻服與大司徒云要服亦一也言要者亦見要束以文教也云夷者以夷狄而得夷稱也云鎮者去中國稍遠理須鎮守云蕃者以其最遠故得蕃屏之稱此三服揔號蕃服故大行人云九州之外謂之蕃國世一見指此三服也此九者衛服之内各舉一邊而言其實通稱唯蠻服以外直據彼爲號不通中國之名也

注畿猶限也自王城以外五千里爲界有分限者九籍其禮差之書也政職所共王政

之職謂賦稅也故書畿爲近鄭司農云近當言畿春秋傳曰天子一畿列國一同詩殷頌曰邦畿千里維民所止

釋曰云王城以外五千里爲界者兩面相距則方萬里此則易之一君二民之地若然堯舜之時固應萬里而五服面二千五百里兩面相距止有五千里無萬里者此據未治洪水時服各五百里至禹治洪水之後弼成五服服加五百則亦萬里若孔君義則不然若據鳥飛直路此周之九服亦止五千若隨山川屈曲則禹貢亦萬里彼此不異也云九籍其禮差之書也者諸侯賦貢多少有常則大國貢半次國三之一小國四之一是其禮差也云政職所共王政之職謂賦稅也者案大宰云以九職任萬民據畿內此九職亦施與邦國則此政職也但施職事與之使萬民勤職而出賦稅諸侯得之以半與三之一四之一市取土毛以貢之則禹貢篚貢是也據民而出謂之賦稅據諸侯所送謂之貢也引春秋傳者案襄二十五年鄭子產對晉云昔天子之地一圻列國一同今大國多數圻矣若無侵

小何以至焉商頌邦畿千里是商頌玄鳥詩之言引此二者證王畿千里之義 凡令賦以地與民制之上地食者參之二其民可用者家三人中地食者半其民可用者二家五人下地食者參之一其民可用者家二人 注賦給軍用者也令邦國之賦亦以地之美惡民之衆寡爲制如六遂矣鄭司農云上地謂肥美田也食者參之二假令一家有三頃歲種二頃休其一頃下地食者參之一田薄惡者所休多 釋曰此文承上邦國之下而云令賦是還據邦國諸侯而說也此經有三等之地案小司徒注云有夫有婦然後爲家自二人以至於十人爲九等七六五者爲其中則地有上中下各分爲三等九等則十口食上上九口食上中八口食上下七人食中上六人食中中五人食中下四人食下上三人食下

中二人食下下又案遂人上地夫一廛田百畮萊五十畮中地家二百畮下地家三百畮與此上地食者參之二合故鄭云邦國如六遂矣若然則上地是上下之地應家八人一人爲家長可任者當二家七人今云家三人者經欲互舉以明義故以中地之上家七人見出上地之下八人者明亦有上地之中上地之上又言下地食者參之一其民可用者家二人地即據下地之上人即據中地之下家五人者亦是互舉以明義故地舉其下人舉其中欲見亦有下內三等其地及人也先鄭云食者參之二假令一家有三頃歲種二頃休其一頃者舉上地只應云一頃五十畮而云三頃者直取參之二舉整言之或并二家而說也

中春教振旅司馬以旗致民平列陳如戰之陳 注以旗者立旗期民於其下也兵者守國之備孔子曰以不教民戰是謂棄之兵者凶事不可空設因蒐狩而習之凡師出曰治兵入曰振旅皆習戰也四時各教民以其一

焉春習振旅兵入收衆專於農平猶正也　釋曰鄭云以旗者立旗期民於其下也者謂大司馬素有田獵之期日今至期日立熊虎之旗於期處以集衆故云期民其下云兵者守國之備者鄭欲解田獵者所以習兵故云兵是守國之備引孔子語欲見須田獵以教戰云兵者凶事者隱公傳文云不可空設因蒐狩而習之者蒐狩是田獵之名欲行蒐狩先芟草萊教戰訖乃入防田獵故云因蒐狩而習之是以書傳文戰鬬不可空習故於蒐狩以閑之閑之者習之是其習兵因蒐狩也云凡師出曰治兵入曰振旅皆習戰者案莊公八年正月師次於郎甲午祠兵公羊傳曰祠兵者何出曰祠兵注云禮兵不徒使故將出兵必祠於近郊陳兵習戰殺牲饗士卒又曰入曰振旅其禮一也皆習戰也左氏說治兵於廟禮也注云三年而治兵與秋同名兵革將出故曰治兵穀梁傳亦云出曰治兵習戰也入曰振旅習戰也鄭玄於異義駁不從公羊云祠兵故云祠兵者公羊字之誤因而作說之亦不從左氏說治兵爲

授兵於廟云於周司馬職曰仲夏教茇舍仲秋教治兵其下皆云如戰之陳仲冬教大閱脩戰法虞人萊所田之野乃爲之如是治兵之屬皆習戰非授兵於廟又無祠五兵之禮是以爾雅釋天云出爲治兵尚威武也入爲振旅反尊卑也言反尊卑者出則壯者在前老弱在後入則壯者在後老弱在前是以鄭此云振旅兵入收衆專於農也云四時各教民以其一焉者春教振旅夏教茇舍秋教治兵至冬大閱是各教民以一也

辨鼓鐸鐲鐃之用王執路鼓諸侯執賁鼓軍將執晉鼓師帥執提旅帥執鼙卒長執鐃兩司馬執鐸公司馬執鐲釋曰此春夏秋三時各教其一必春辨鼓鐸者鼓雷之類象仲春雷發聲於外言辨鼓鐸鐲鐃之用者此句與下文爲揔目也

注鼓人職曰以路鼓鼓鬼享以賁鼓軍事以晉鼓鼓金奏以金鐃

止鼓以金鐸通鼓以金鐲節鼓鄭司農云辨鼓鐸鐲鐃之用謂鉦鐸之屬鐲讀如濁其源之濁鐃讀如讙嘵之嘵提讀如攝提之提謂馬上鼓有曲木提持鼓立馬髦上者故謂之提杜子春云公司馬謂五人爲伍伍之司馬也玄謂王不執賁鼓尚之於諸侯也伍長謂之公司馬者雖卑同其號一釋曰鄭引鼓人職者欲見鼓人有六鼓四金據本各依所用今此所用或有不依本者以其唯賁鼓鼓軍事是依本王執路鼓軍將執晉鼓等並不依本用而在軍兼用也先鄭云辨鼓鐸鐲鐃之用謂鉦鐸之屬者案司馬法云十人之長執鉦百人之師執鐸千人之師執鼙萬人之主執大鼓義與此同故引之爲證也云鐲讀如濁其源之濁者此讀取音同之義濁其源者淮南子云濁其源其流不清故讀從之云鐃讀如讙嘵之嘵者從毛詩云以謹讙嘵云提讀如攝提之提者從爾雅云寅爲攝提格取音同而已云提謂馬上鼓者此先鄭蓋據當時已有單騎舉以況周其實周時皆乘車無輕騎法也後鄭云王不執賁鼓

尚之於諸侯也者案鼓人職賁鼓鼓軍事討王在軍自爲
元帥自合執賁鼓今不執賁鼓者見諸侯因朝而來與王
爲賓客故讓之使執賁鼓故云尚之於諸侯王既不用賁
鼓而用路鼓者以其雷鼓靈鼓祭天地之鼓不敢用故用
祭宗廟之路鼓也軍將用晉鼓者是鼓金奏與諸相應故
也不用鼛鼓者鼓役事之鼓故不用云伍長謂之公司馬
者雖卑同其號者案諸官大夫乃與大官同號宰夫已下
并上士中士下士皆不得與大官同號今於序官大司馬
之下上士得號行司馬及在軍二十五人長中士號兩司
馬五人長下士號公司馬皆與大官同號者以司馬主軍
軍事主嚴肅卑得同號也 **以教坐作進退疾徐疏數之節** 注習
戰法 釋曰案下大閱禮備軍法虞人萊所田之野下又
云中軍以鼙令鼓鼓人皆三鼓已下有此坐作進退疾徐
疏數之節彼大閱具言於此略說有此坐作
之法此於教戰之處爲之故鄭云習戰法也 **遂以蒐田**

有司表貉誓民鼓遂圍禁火弊獻禽以祭社釋曰案下大閱禮遂以狩田以下云以旌爲左右和之門羣吏各帥其車徒以叙和出左右陳車徒有司平之既陳乃設驅逆之車有司表貉于陳前此亦當如彼但春非大備故亦略言也言誓民者即下大閱禮羣吏聽誓於陳前鄭引月令司徒北面誓之是也云鼓者即下文中軍以鼙令鼓鼓人皆三鼓已下是也云遂圍禁者既誓令鼓而圍之云火弊者謂田止也云獻禽以祭社者此因田獵而祭非月令仲春祭社也注春田爲蒐有司大司徒也掌大田役治徒庶之政令表貉立表而貉祭也誓民誓以犯田法之罰也誓曰無干車無自後射立旌遂圍禁旌弊爭禽而不審者罰以假馬禁者虞衡守禽之厲禁也既誓令鼓而圍之遂蒐田火弊火止也春田主用火因焚萊除陳草皆殺而火止獻猶致也屬也田止虞人植旌衆皆獻其所獲禽焉詩云言私其豵獻豜于公春田主祭社者土

方施生也鄭司農云貉讀爲禡禡謂師祭也書亦或爲禡

釋曰云春田爲蒐蒐者蒐搜也春時鳥獸孚乳搜擇取不孕任者故以蒐爲名云有司大司徒也者即大司徒職云大田役治其徒庶之政令故知有司是大司徒也云表貉立表而貉祭也者此即詩及亦雅云類也禡也師祭是也云誓民誓以犯田法之罰也者當司徒北面誓之時小子斬牲以左右徇陳也云誓曰無干車無自後射者此據漢田律而言無干車謂無干犯他事無自後射象戰陳不逐奔走又一解云前人已射中禽後人不得復射彼又云無面傷之等象降者不逆擊之云立旌遂圍禁者旌則下文大閱禮云旗居卒間者是也云旌弊者弊仆也田止旌則仆云爭禽而不審者罰以假馬者謂獲禽所算之籌罰者謂效功時爭禽不審即罰去其籌云禁者虞衡守禽之厲禁也者案山虞皆云使地之民守其厲禁謂遮厲之禁不得非時入也若然案地官川衡小田獵之所無厲禁之事言衡者川林或有與山澤連者則亦有厲禁之事故連言之也

周禮疏卷第三十三

周禮疏卷第三十四

唐朝散大夫行大學博士弘文館學士臣賈公彦等撰

中夏教茇舍如振旅之陳羣吏撰車徒讀書契辨號名之用帥以門名縣鄙各以其名家以號名鄉以州名野以邑名百官各象其事以辨軍之夜事其他皆如振旅釋曰如振旅之陳者四時各教其一故春教振旅夏教茇舍但設經不可文文具設故云如振旅之陳皆轉相如也云羣吏撰車徒者羣吏謂軍將至伍長各有部分皆選擇其在車甲士三人步徒七十二人之等云讀書契者書契謂兵士簿書之要契此小宰之八成

云師田以簡稽一也云辨號注茇讀如萊沛之沛茇舍草名者此帥以門名巳下是也止之也軍有草止之法撰讀曰算算車徒謂數擇之也讀書契以簿書校錄軍實之凡要號名者徽識所以相別也鄉遂之屬謂之名家之屬謂之號百官之屬謂之事在國以表朝位在軍又象其制而爲之被之以備死事帥謂軍將及師帥旅帥至伍長也以門名者所被徽識如其在門所樹者也凡此言以也象也皆謂其制同耳軍將皆命卿古者軍將蓋爲營治於國門魯有東門襄仲宋有桐門右師皆上卿爲軍將者也縣鄙謂縣正鄙師至鄰長也家謂食采地者之臣也鄉以州名亦謂州長至比長也野謂公邑大夫百官以其職從王者此六者皆書其官與名氏焉門則襄仲右師明矣鄉則南鄉甄東鄉爲人是也其他象此云某某之名某某之號某某之事而已未盡聞也鄉遂大夫文錯不見以其素信于民不爲軍將或爲諸帥是以闕焉夜事戒夜守之事草止者慎於夜於是主別其部職　釋曰茇讀如萊沛之沛

者案王制云居民山川沮澤注云沮謂萊沛時俗有水草謂之萊沛故讀從之也云茇舍草止之也者以草釋茇以止釋舍故即云軍有草止之法云數擇之也者以解撰爲數擇取其善者云軍實之凡要者凡軍有三種或以俘囚爲軍實或以戈盾弓矢爲軍實或以禽牲爲軍實今此所云軍實者據兵器爲軍實凡要即名籍之摠名也云號名者徽識者即上注三者旌旗之細者也云所以相別也者皆綴之於膊上以別死者也云鄉遂之屬謂之名者言之屬即經云縣鄙是遂之屬從縣鄙至鄰里州是鄉之屬從州至比長故言之屬以摠之云家之屬謂之號者謂都家之內從大夫至士云百官之屬謂之事者從王朝六卿已下至下士野以邑名鄭雖不言亦在鄉遂之例以其同是溝洫之人出軍出貢又等故知亦入名中也其號也名也事也三者據經而言云在國以表朝位者即覲禮云上介各奉其君之旂置于宫者是也云凡此言以也象也皆謂其制同耳者以謂若經云帥以門名已下至野以邑名已

上五者皆言以也惟百官云象是以也象也此六者以象雖異其制則同皆小旌旗也云軍將皆命卿者欲解帥以門名之意止由卿居於國門使爲軍將故軍將得以門爲名云古者軍將蓋爲營治於國門者此解軍將得以門爲名者只由非常之急要在於門故使卿在門任而營治其門故也云魯有東門襄仲者案昭三十二年左傳云魯文公薨而東門遂殺適立庶魯君於是乎失國公子遂字襄仲號爲東門只由居東門宋有桐門右師者案春秋左氏傳昭二十五年春叔孫婼聘於宋桐門右師見之注云右師宋卿樂大心也其室居桐門故曰桐門右師是宋有桐門右師也引之證將帥得以門名之事經直云縣鄙鄭知鄰長者以其在軍之時從遂大夫已下至鄰長皆在今略言縣鄙明皆有也云家謂食采地者之臣也者食采地是公卿大夫其身在朝其臣在采地若公山弗擾之類今隨主在軍故以其號爲名也鄉以州名亦謂州長至比長者亦如六遂自卿大夫已下至比長皆在今略舉州爲首也

云野謂公邑大夫者謂爲四等公邑若載師職公邑自甸以出至五百里其長二百里三百里如州長四百里五百里如縣正長下皆有屬官在軍者皆以邑爲名云百官以其職從王者謂三百六十官各以其職事從王在軍若大宰下六十官隨其長從王皆以事爲號也云此六者皆書其官與名氏焉者六者謂經五以一象假令爲官則云大司徒下某官姓名某也云門則襄仲右師明矣者經直云師以門名恐直以門爲名不加官與名字諸官皆須名氏是也者鄭與爲人皆當時鄉名故舉以爲況云其他象此明門亦有官與氏名故云明矣云鄉則南鄉甀東鄉爲人者此鄭略舉門名與鄉名其他仍有縣鄙與家野百官亦依此而稱焉云某某之名者即經云門縣鄙鄉野四者皆是某某之名謂若門名當云桐門右師之下某官某姓某甲之名三者皆放此云某某之號者即經云家以號名是也謂若魯之費邑即云費邑之下某官某姓某甲之號云某某之事者即經云百官各象其事謂若地官之下則云

大司徒之下某官某姓某甲之事云未盡聞也者鄉未所
釋六者略聞帥以門名鄉以州名舉以爲況其餘未聞故
云未盡聞也云鄉遂大夫文錯不見者此經六遂直云縣
鄙不言遂六鄉言以州名雖見鄉亦不見鄉大夫之身其
文交錯不見鄉遂大夫故云文錯不見也云以其素信於
民者兵書孫子云素信者與衆相得是也舊素與民相信
者必情義相得故鄉遂之官還使爲軍吏云不爲軍將或
爲諸帥是以闕焉者孟子云因內政寄軍令則鄉遂大夫
已下至比長鄰長皆因爲軍吏以領本民在上或別使人
爲軍將則鄉遂大夫別領人爲師帥旅帥以下經在軍吏
師以門名之內故闕鄉遂大夫也必知有別使人爲軍將
法者見外傳穆叔云天子作師公帥之以征不德詩曰周
公東征四國是遑此並上公爲軍將詩云韎韐有奭以作
六師此乃諸侯世子爲軍將田獵亦容如此於是時鄉遂
大夫則爲諸帥也若然案下文云師都載旜鄉遂載物注云
鄉遂六夫或載旜或載物衆屬軍吏無所將也者謂鄉遂

大夫全無武用則諸帥亦不爲則是衆屬他軍吏已身全
無所將故或載旜或載物不載旗義與此不違也云於是
主別其部職者釋經以辨軍之夜事
分別其當部當職不與外交雜也

遂以苗田如蒐釋曰在教戰之處辨號名

之灋車弊獻禽以享礿既訖遂入防行苗田之法

云如蒐之法者如上蒐時有司表貉誓民令鼓遂圍禁之
等云車弊及以享礿二者則與春異以其春時火弊祭社
此時車弊主夏田爲苗擇取不孕任者若治苗去不秀實
享礿也　注者云車弊驅獸之車止也夏田主用車示所
取物希皆殺而車止王制曰天子殺則下大綏諸侯殺則
下小綏大夫殺則止佐車佐車止則百姓田獵礿宗廟之
夏祭也冬夏田主于祭宗廟者陰陽始起象神之在内
釋曰以其春夏爲陽主其生長故春田爲蒐搜取不孕任
者夏田爲苗若治苗云不秀實者其義但春時主孚乳故
以不孕任解之也云車弊驅獸之車止也者夏田主用車

示所取物希者春秋左氏傳云彼徒我車懼其侵軼我也是車行遲取獸少故知用車示取物希也引王制曰天子殺則下大綏巳下據殺訖而言毛詩傳云天子發抗大綏諸侯發抗小綏者據始殺而言也云大夫殺則止佐車王制注佐車驅逆之車案田僕云掌佐車之設驅逆之車佐車似與驅逆之車別者但王制佐車與田僕驅逆之車爲一其田僕佐車自是田車之貳曰佐佐文雖同其義則異也若然驅逆之車言佐者能逐禽故以佐言之云礿宗廟之夏祭也者大宗伯文云冬夏田主於祭宗廟陰陽始起象神之在內者仲冬一陽生仲夏一陰生是陰陽在內故神象之而行祭也此祭因田獵獻禽爲祭若正祭自在孟月

中秋教治兵如振旅之陳釋曰言教治兵者凡兵出曰治兵入曰振旅春以入兵爲名尚農事秋以出兵爲名秋嚴尚威故也云如振旅之陳者如春振旅時坐作進退疾徐跡數之法也

辨旗物之用王載大

常諸侯載旂軍吏載旗師都載旝鄉遂載物郊野載旐百官載旟各書其事與其號焉其他皆如振旅

釋曰案下文注以出軍之旗則如秋則此經是在軍旌旗也云各書其事與其號焉者此二者即是仲夏百官各象其事及號名之等此秋雖不具辨號名亦略舉之見四時皆有此物也云其他皆如振旅者亦謂坐作進退疾徐之法如振旅之陳也

注軍吏諸軍帥也師都遂大夫也鄉遂鄉大夫也或載旝或載物衆屬軍吏無所將也郊謂鄉遂之州長縣正下也野謂公邑大夫載旐者以其將羡卒也百官卿大夫也載旟者以其屬衛王也凡旌旗有軍衆者畫異物無者帛而已書當爲畫事也號也皆畫以雲氣

釋曰云軍吏諸軍帥也者亦謂從軍將至下伍長皆是軍吏也云師都遂大夫也鄉遂鄉大夫也者案司常云孤卿建旝

六夫士建物則鄉大夫是卿建旜是其常師都載旜云不嫌無鄉大夫故鄭直舉遂大夫也云鄉遂鄉大夫者以其遂大夫是中大夫建物是其常今鄉遂建物不嫌無遂大夫故鄭直舉鄉大夫也云或載旜或載物衆屬軍吏無所將也者鄉遂大夫若為軍將則在軍吏載旗軍中領衆來時亦載旗今載旜載物不載旗故知已之所管之衆屬他軍吏已無所將以其已無武用非直不為軍將亦不為諸帥故全無所將以是載旜載物而已若然既不為軍吏遂大夫上得與鄉同載旜鄉大夫則是卿下得與大夫同載物也以鄉遂大夫掌衆同故同載物也俱兩載者以其不為軍將又不任鄉職卿大夫尊卑之常當載旜載物而已故容其兩載也云郊謂鄉遂之州長縣正以下也者郊內有六鄉州長已下郊外有六遂縣正已下故知言郊有此二等人也云野謂公邑大夫者案載師職云公邑之田任甸地郊外曰甸甸則郊外曰野故以野言之但公邑自甸以出至疆五百里有四等公邑皆有大夫治之故司馬法云

二百里如州長四百里五百里如縣正是公邑大夫也云載旐者以其將羨卒也者以其六鄉之内上劑致民一家二人爲正卒其餘皆爲羨卒六遂之内下劑致民家一爲正卒一人爲羨卒其餘爲餘夫正卒既屬軍吏其餘羨卒使此州長已下等不爲軍吏者領之但公邑之内雖不見有出軍之法若出軍亦當與鄉遂同以其得爲溝洫法故也若出軍亦正卒使大夫等爲軍吏其餘羨卒亦使不爲軍吏者領之云百官卿大夫也載旟者以其屬衛王也者以其天地四時之卿大夫其屬各六十有選當行衛守王者即是有衆故載鳥隼之旟云凡旌旗有軍衆者畫異物者即經天子諸侯軍吏郊野百官是也云無者帛而已者鄉遂載旜物是也云書當爲畫事也號也皆畫以雲氣者者事即上百官言事號即上家言號不言名此亦有名文略耳云畫以雲氣者鄭解經典言畫者皆以雲解之謂畫五色雲也

遂以獮田如蒐田之灋羅弊致禽以祀

祊 釋曰上文教戰班旗物訖遂入防行獮田之禮其法如蒐田之法云羅弊致禽以祀祊者秋田主用羅羅止田畢入國過郊之神位乃 注 秋田為獮獮殺也羅弊罔止也致禽以祀四方之神 秋田主用罔中殺者多也皆殺而罔止祊當為方聲之誤也秋田主祭四方報成萬物詩曰以社以方 釋曰云祊當為方聲之誤也者以祊乃是廟門之外内惟因祭宗廟及明日繹祭乃為祊祭今既因秋田而祭當是祭四方之神故云誤也云秋田主祭四方報成萬物者以秋物成四方神之功故報祭之云詩曰以社以方者詩大雅引之證方是四方之神也

中冬教大閱 釋曰以冬時農隙故大 注 春辨鼓鐸夏辨號名簡閱軍實之凡要也 秋辨旗物至冬大閱簡軍實凡頒旗物以出軍之旗則如秋以尊卑之常則如冬司常佐司馬時也大閱備軍禮而旌旗不如出軍之時空辟實 釋曰云春辨鼓鐸已下欲見春夏秋各教其一至冬大閱之時揔教之故云至冬大閱軍實云凡頒旗物

以出軍之旗則如秋以尊卑之常則如冬司常佐司馬時
也者以其王與諸侯所建秋冬同又秋云軍吏建旗師都
載旜鄉遂載物郊野載旐百官載旟不言旞旌二者以其
是出軍之法故不言道車游車所載大閱之時見尊卑之
常故司常云孤卿建旜大夫士建物師都建旗州里建旟
縣鄙建旐道車載旞游車載旌此爲異也鄭云大閱備軍
禮而旌旗不如出軍之時空辟實者大閱雖備禮是教戰
非實出軍法是其空也秋教治兵治兵是出軍法故寄出
軍之旗於彼是冬之空辟實出軍法者也趙商問巾車職
建大麾以田注田四時田獵商案大司馬職四時皆建大
常何鄭荅曰麾夏之正色田雖習戰春夏尚生其時宜入
兵夏本不以兵得天下故建其正色以春夏田至秋冬出
之時乃建大常趙商又問巾車職曰建大白以即戎注云
謂兵事司馬職仲秋辨其物以治兵王建大常注凡頒旗
物以出軍之旗則如秋不知大白以即戎爲何時荅曰白
者殷之正色王即戎者或命將或勞師不自親將故建先

王之正色異於親自將也前期羣吏戒衆庶脩戰灋注羣吏鄉師以下釋曰言前期者謂若大宰職云前期十日此亦在教戰前不必要十日前也知羣吏鄉師以下者見鄉師職云凡四時之田前期出田法于州里簡其鼓鐸旗物兵器脩其卒伍是其事也言鄉師以下則不及鄉鄉是鄉大夫則鄉也則可及州長故州長職云若國作民而師田行役之事則帥而致之掌其戒令與其賞罰黨正云凡作民而師田行役則以其法治其政事族師亦云若作民師而田行役則合其卒伍簡其兵器以鼓鐸旗物帥而至是其以下之事也虞人萊所田之野爲表百步則一爲三表又五十步爲一表田之日司馬建旗于後表之中羣吏以旗物鼓鐸鐲鐃各帥

其民而致質明弊旗誅後至者乃陳車徒如戰之陳皆坐　釋曰虞人者若田在澤澤虞若田在山山虞謂使其地之民於可陳之處芟除草萊故云萊所田之野云爲表百步則一爲三表者案下注引月令司徒北面以誓之此經云司馬建旗於後表之中車徒皆坐則此於司　注鄭司農云虞人陳之中從南頭立表以此頭爲後表也　萊所田之野芟除其草萊令車得驅馳詩曰田卒汙萊玄謂萊芟除可陳之處後表之中五十步表之中央表所以識正行列也四表積二百五十步左右之廣當容三軍步數未聞致致之司馬質正也弊仆也皆坐當聽誓　釋曰先鄭云虞人萊所田之野芟除其草萊令車得驅馳者謂芟除其田獵之處故云令車得驅馳引詩者證田處草萊案王制云昆蟲未蟄不以火田則仲冬之時放火田獵何須芟除草萊是以車攻詩毛傳云大芟草以爲防然後焚而射焉是田處

不得芟草萊故後鄭易之以爲芟除可陳之處云後表之中五十步表之中央者謂後南表至北表云表所以識正行列也者於可陳之中央立此四表表兩相各有三軍之衆至表則閒一而坐坐而更起是表正行列也云積二百五十步者以三表之間有二百步又加一表五十步故揔爲二百五十步也云左右之廣當容三軍者天子六軍左右之地各容三軍此鄭據天子六軍整數而言其實兼羨卒之等故小司徒職云凡起徒役無過家一人惟田與追胥竭作鄭云國人盡行是非止六鄉之民六軍而已云步數未聞者但先南北二百五十步東西不言步數故云未聞也云皆坐當聽誓者下文即云聽誓於陳前故先當聽誓也

羣吏聽誓于陳前斬牲以左右徇陳曰不用命者斬之

釋曰云羣吏聽誓於陳前者士卒皆於後表北面坐羣吏諸軍帥皆在士卒前南向立以聽誓云斬牲以左右徇陳者從表左

右向外注羣吏諸軍帥也陳前南面鄉表也月令季秋天
以徇陳子教于田獵以習五戎司徒搢扑北面以誓之
此大閱禮實正歲之中冬而說季秋之政於周爲中冬爲月
令者失之矣斬牲者小子也凡誓之大畧甘誓湯誓之屬是也
釋曰云羣吏諸軍帥者從軍將以至伍長謂象軍吏建
旗者也引月令者證所誓者是司徒使司徒誓者此
使司徒誓之也云此大閱禮實正歲之中冬者周雖建子
軍吏及士本是六鄉之民今雖屬司馬猶是己之民衆故
爲正及其行事皆用夏之正歲則此經中夏中春中秋中
冬皆據夏法也云而說季秋之政於周爲中冬爲月令者
夏之季秋故說於季秋是失之矣案月令季秋云是月也
失之矣呂不韋作月令者以爲此經中冬爲周之中冬當
天子乃教於田獵以習五戎班馬政云云注引中秋教治
兵法王載大常已下爲證不云失至此乃以月令是中冬
教大閱法而言爲月令者失鄭君兩解之以其彼云司徒
誓衆與此誓衆之等同故爲大閱彼爲治兵法者以彼文

授車以等級及命主祠祭于四方文與中秋治兵者同故彼爲治兵法也云斬牲者小子職云凡師田斬牲以左右徇陳是也云凡誓之大略甘誓湯誓之屬是也者甘誓是啓與有扈戰湯誓是湯伐桀誓衆辭言之屬者仍有泰誓粊誓之等故云之屬

中軍以鼙令鼓鼓人皆三鼓司馬振鐸羣吏作旗車徒皆作鼓行鳴鐲車徒皆行及表乃止三鼓摝鐸羣吏弊旗車徒皆坐

釋曰此經揔說聽誓既已將欲向南第二表象戰陳初發面敵此即仲春振旅疾徐坐作之事一也

注中軍之將也天子六軍三三而居一偏羣吏既聽誓各復其部曲中軍之將令鼓鼓以作其士衆之氣也鼓人者中軍之將師帥旅帥也司馬兩司馬也振鐸以作衆作起也既起鼓人擊鼓以行之伍長鳴鐲以節之伍長一曰公司

馬及表自後表前至第二表也三鼓者鼓人也鄭司農云攡讀如弄玄謂如涿鹿之鹿掩上振之為攡攡者止行息氣也司馬法曰鼓聲不過閶鼙聲不過闒鐸聲不過琅

釋曰中軍中軍之將也者此六軍三軍居一偏皆自有中軍也是以鄭云天子六軍三三而居一偏也言三三者非謂如筭法云三三而九者直是兩箇三為三而復三而已也云羣吏既聽誓命各復其部曲者軍吏本各主其部分的別謂若伍長主五人兩司馬主二十五人卒長主百人之等皆是部曲至於誓之時出向衆前聽誓訖各復其部伍本處故云復其部曲也云中軍之將令鼓者經云中軍以鼙令鼓故知中是中軍之將也云鼓以作其士衆之氣者春秋左氏曹劌云一鼓作氣再而衰三而竭是鼓以作士衆之氣也云鼓人者中軍之將師帥旅帥也者案左氏成二年傳晉與齊戰于鞌郤克傷於矢曰余病矣張侯曰師之耳目在吾旗鼓進退從之於是右援枹而鼓之時郤克擊鼓哀二年左傳鐵之戰趙簡子云伏弢嘔血鼓音不衰

是皆將居鼓下知兼有師帥旅師者案上文春辨鼓鐸云
軍將執晉鼓師帥執提旅帥執鼙皆是鼓人故知是軍將
師帥旅帥也其卒長執鐃已下皆金非鼓也云司馬兩司
馬也者以其上文云兩司馬執鐸故知此經云司馬振鐸
者是兩司馬也云以作衆者金雖非鼓振之者亦是以作
衆也云作起也既起鼓人擊鼓以行之者釋經車徒皆作
鼓行也云伍長鳴鐲以節之者上文云公司馬執鐲鼓人
職云金鐲節鼓故云伍長鳴鐲以節之也云伍長一曰公
司馬者上文云公司馬執鐲是伍長故云一曰公司馬也
先鄭云摝讀如弄者直以摝弄聲相近以振鐸謂之弄也
玄謂如涿鹿之鹿者謂從史記黃帝與蚩尤戰于涿鹿之
鹿直取音同不從義也此是鹿鹿然作聲也云掩上振之
者以手在上向下掩而執之云止行息氣也者案鼓人云
金鐸通鼓金鐃止鼓則金鐸是通鼓而云止行息氣者見
經云摝鐸即云羣吏弊旗故知金鐸亦得止行息氣也
司馬法鼓聲不過閶以下者證鼓鼙與鐸聲之有異也 又

三鼓振鐸作旗車徒皆作鼓進鳴鐲車驟徒趨及表乃止坐作如初注趨者赴敵尚疾之漸也春秋傳曰先人有奪人之心及表自第二前至第三釋曰昭二十一年冬十月華登以吳師救華氏宋廚人濮曰軍志有之先人有奪人之心注云戰氣未定故也後人有待其衰注云待敵之衰乃攻是其事也乃鼓車馳徒走及表乃止及表自第三前至前表鼓戒三闋車三發徒三刺注鼓戒戒攻敵鼓壹闋車壹轉徒壹刺三而止象服敵釋曰經并言三闋三發三刺鄭歷言鼓一闋車一轉徒一刺三而止者鄭據實而言非是一時而三故也乃鼓退鳴鐃且卻及表乃止坐作如初釋曰此言乃鼓退者謂至南表軍吏及士卒迴身向北更從南爲始

也云鳴鐃且卻者此鳴鐃且卻據初至南表退軍之時衆在軍軍退亦鳴鐃是以左氏哀公傳鐵之戰陳子云吾聞鼓不聞金亦是鳴鐃退軍法及其向北即更爲習戰之事故云及表乃止坐作如初故鄭云習戰之禮出入一也

注鐃所以止鼓軍退卒長鳴鐃以和衆鼓人爲止之也退自前表至後表鼓鐸則同習戰之禮出入一也異者廢鐲而鳴鐃

釋曰云鐃所以止鼓者鼓人職云金鐃止鼓是也知卒長鳴鐃者春辨鼓鐸云卒長執鐃是也云退自前表至後表者經略言表則及表乃止坐作如初者摠向北三表故鄭云自前表至後表也云鼓鐸則同者鼓人三鼓兩司馬執鐸與向南時同以其習戰之禮出入一也云異者廢鐲而鳴鐃者前向南時云鼓行鳴鐲此北向不言鳴鐲而言鼓退鳴鐃以其雖習戰出入一猶衆退軍故鳴鐃也

遂以狩田以旌爲左右和之門羣吏各帥其車徒以敘和出左右

陳車徒有司平之旗居卒閒以分地前後有屯百步有司巡其前後險野人爲主易野車爲主

釋曰此一節揔論教戰訖入防田獵之事故云遂以狩田也云以旌爲左右和之門者六軍分三軍各處東西爲左右各爲一門云以叙和出者以教戰處内故以田處出云旗居卒閒者軍吏各領已之士卒執旗以表之故旗居卒閒注冬田爲狩言守取之無所擇也軍門曰和今謂之壘門立兩旌以爲之叙和出用次第出和門也左右或出而左或出而右有司平之鄉師居門正其出入之行列也旗軍吏所載分地調其部曲䟽數前後有屯百步車徒異羣相去之數也車徒畢出和門鄉師又巡其行陳鄭司農云險野人爲主人居前易野車爲王車居前　釋曰云冬田爲狩言守取之無所擇者對春夏言蒐言苗有所釋又秋名獮中殺者多對此圍守之此又多於獮故得守名

也云軍門曰和者左氏傳云師克在和不在衆田獵象戰伐故其門曰和門也云今謂之壘門者漢時軍壘爲門名曰壘門與古和門同故舉爲說云立兩旌以爲之者昭八年穀梁傳云秋蒐於紅正也又云刈蘭以爲防置旃以爲轅門以葛覆質以爲槷注云質椹也槷門中臬又云流旁握御轚者不得入注流旁握謂車兩轊頭各去門邊容握握四寸也又車攻詩傳云大芟草以爲防或舍其中褐纏旃以爲門裘纏質以爲槸門容握驅而入轚則不得入左者之左右者之右然後焚而射焉又云古者戰不出頓田不出防是其事也云有同平之鄉師居門正其出入之行列也者案鄉師職云巡其前後之屯而戮其犯命者斷其爭禽之訟故知此經云有司皆是鄉師也云車徒異羣者出軍之時一車甲士三人步卒七十二人車徒同羣今在軍行列之時則車徒異羣故車人有異也

既陳乃設驅逆之車有司表貉于陳前釋曰前經論陳車徒

訖故此云既陳乃設驅逆之車設敀即爲表貉之祭於陳前也**注**驅驅出禽獸使趨田者也逆逆要不得令走設此車者田僕也　釋曰云驅驅出禽獸使趨田者案王制云天子發諸侯發皆不云佐車者其實天子諸侯田時皆有驅逆之佐車直於大夫言之者據終而言也知設此車是田僕者見田僕職云設驅逆之車故知也

中軍以鼙令鼓鼓人皆三鼓羣司馬振鐸車徒皆作遂鼓行徒銜枚而進大獸公之小禽私之獲者取左耳釋曰此令鼓之事與上文教戰時大同惟徒銜枚爲異**注**羣司馬謂兩司馬也枚如箸銜之有繣結項中軍法止語爲相疑惑也進行也鄭司農云大獸公之輸之於公小禽私之以自畀也詩云言私其豵獻肩于公一歲爲豵二歲爲豝三歲爲特四歲爲肩五歲爲慎此明其獻大者於公自取

其小者玄謂慎讀爲麎爾雅曰豕生三曰豵豕牝曰豝麋牝曰麎獲得也得禽獸者取左耳當以計功　釋曰鄭知羣司馬謂兩司馬者上文春辨鼓鐸云兩司馬振鐸故知之也云枚如箸銜之有繣結項中者雖無正文以意言之繣即兩頭繫也既有兩繫明於項後中央結之先鄭引詩云言私其豵獻肩于公一歲爲豵已下鄭皆不從者豳詩毛傳云三歲曰豜此云四歲爲肩爾雅云豕生一曰特二曰師三曰豵又爾雅云麋牝曰麎無五歲爲慎又魏詩云三歲曰特先鄭皆無可依據故不從也若然豜還是鹿之絶有力者也

及所弊鼓皆駴車徒皆譟

釋曰云及所弊者各徒弊止之處謂百姓獵止

注鄭司農云及所弊至所弊之處田所當於止也天子諸侯蒐狩有常至其常處吏士鼓譟象攻敵剋勝而喜也疾雷擊鼓曰駴譟讙也書曰前師乃鼓𡄲譟亦謂喜也　釋曰引書曰者書傳文彼說武王伐紂時事

徒乃弊致禽饁

獸于郊入獻禽以享烝釋曰云致禽饁獸于郊者亦謂因田過郊之神位所饁之注徒乃弊徒止也冬田主用衆物多衆得取也致禽饁獸于郊聚所獲禽因以祭四方神於郊月令季秋天子既田命主祠祭禽四方是也入又以禽祭宗廟釋曰月令季秋天子既田云云者證彼祭禽于四郊與此饁獸于郊爲一物其實彼一解以爲是仲秋祭禽以祠祊爲一也及師大合軍以行禁令以救無辜伐有罪注師所謂王巡守若會同司馬起師合軍以從所以威天下行其政也不言大者未有敵不尚武釋曰云師所謂王巡守若會同者以對下文云若大師是出軍法故鄭云未有敵不尚武也若大師則掌其戒令涖大卜帥執事涖釁主及軍器釋曰云帥執事涖釁主及軍器者案小子職云釁邦器及

軍器彼官釁之大師王出征伐也涖臨也臨大卜卜出
而大司馬臨之注兵吉凶也司馬法曰上卜下謀是謂參
之主謂遷廟之主及社主在軍者也軍器鼓鐸之屬凡師
既受甲迎主于廟及社主祝奉以從殺牲以血塗主及軍
器皆神之　釋曰鄭知臨大卜者案大卜云掌龜之八命
一曰征故知也云司馬法曰上卜下謀是謂參之者十在
廟又龜有神故云上卜謀人在下故云下謀君居其中故
云參也云主謂遷廟之主及社主在軍也者曾子問云軍
行則以遷廟之主行左傳祝佗云軍行祓社釁鼓祝奉以
從尚書云用命賞于祖不用命戮于社皆是在軍者也
及致建大常比軍衆誅後至者注比或作庀鄭司農云致
謂聚衆也庀具也玄謂致鄉師致民於司馬比校次之也
釋曰先鄭云庀具也者先鄭從古書庀後鄭不從以爲校
次者凡物有數者皆須校次乃知具不故不從具也玄謂
致鄉師致民於司馬者據鄉師職知之且司馬用王大常

者以上文大師王親御六軍故司馬用王之
大常致衆若王不親則司馬自用大旗致之**及戰巡陳**
眡事而賞罰 注事謂戰功也 釋曰巡陳者司馬當戰對陳之時巡軍陳眡其戰功之事知
其有功無功而行賞罰也**若師有功則左執律右秉鉞以**
先愷樂獻于社 釋曰云若師有功則左執律右秉鉞以先者謂戰陳知有勝功訖乃
執律者示此律聽軍聲功勝也律所以聽軍聲鉞所
以爲將威也先猶道也兵樂尅勝耳右秉鉞示威也 **注**
曰愷獻于社也司馬法曰得意則愷樂愷歌示
喜也鄭司農云故城濮之戰春秋傳曰振旅愷以入于晉
釋曰云律所以聽軍聲者大師職文彼初出軍時大師執
聽至此尅勝司馬執之先鄭引城濮之戰者僖二十八年
晉文公敗楚於城濮兵入曰振旅整衆而還歌愷樂而入
晉彼諸侯法與此天子禮同故引爲證也趙商問夏官師

有功則獻于社春官大司樂王師大獻則令奏愷樂注云大獻獻捷於祖不達異意鄭荅曰司馬主軍事之功故獻於社大司樂宗伯之屬宗伯主宗廟故獻于祖若然軍有功二處俱獻以其出軍之時告于祖宜于社故反必告也

若師不功則厭而奉主車 注鄭司農云厭謂厭冠喪服也軍敗則以喪禮故秦伯之敗於殽也春秋傳曰秦伯素服郊次鄉師而哭玄謂厭伏冠也奉猶送也送主歸於廟與社 釋曰春秋秦伯事左傳僖三十三年秦師襲鄭之事案彼僖三十年秦晉圍鄭鄭使燭之武說秦伯秦師退使杞子逢孫楊孫戍鄭至僖三十三年秦使孟明視白乙丙西乞術襲鄭將至鄭逢商人弦高將市于周詐之秦師還至殽晉師與姜戎敗之獲三帥囚之於晉晉舍三帥還秦伯素服郊次鄉師而哭之是其事也玄謂厭伏冠也者案下曲禮云厭冠不入公門彼差次當緦小功之冠以義言之五服之冠皆厭以其喪冠反吉冠於武上向內縫之喪冠於武下

向上縫之以伏冠在武故得厭伏之名案檀弓注厭冠喪
冠其服亦未聞若然先鄭引秦伯素服者彼據在國向外
哭此則從外向內不同故云其服未聞
後鄭不破者已有檀弓注此從破可知 **王弔勞士庶**
子則相 注師敗王親弔士庶子之死者勞其傷者則相
王之禮庶子卿大夫之子從軍者或謂之庶士
釋曰案宮伯云掌宮中士庶子注士適子庶子其支庶與
此注云庶子爲卿大夫之子適庶俱兼則經中士爲卿大
夫士之身與宮伯注不同者彼宮正掌卿大夫士身宮伯
別掌士庶子士庶子爲適子支子明矣此惟一文云弔勞
士庶子不見別有弔勞卿大夫士身故分之鄭望經爲注
故不同也若然此注不云士之子者以其卿大夫之適子
爲王與后與士同故親弔勞之士之子如
衆人不得爲王及后如士故不弔勞之也 **大役與慮事**
屬其植受其要以待攷而賞誅 釋曰此謂築
城邑之時封

人慮事計功大司馬雖不掌徒役亦得與謀也屬其植者屬謂屬聚徒役計其人數賦其丈尺以課其功也植者版榦之屬計其人**注**大役築城邑也鄭司農云國有大役大數各使備足也司馬與謀慮其事也植謂部曲將吏故宋城春秋傳曰華元爲植巡功屬謂聚會之也要者簿書也考謂考校其功玄謂慮事者封人也於有役司馬與之植築城楨也屬賦丈尺與其用人數　釋曰先鄭以為與慮事大司馬與在謀慮其事中後鄭從之增成其義案宣十一年楚令尹蔿艾獵城沂使封人慮事以授司徒注云封人司徒之屬官是封人慮事司馬與在謀慮中也春秋宋華元者案宣二年左氏傳云宋城華元爲植巡功注云植將主也先鄭云植謂部曲將吏屬謂聚會之後鄭不從以爲植築城楨也屬賦丈尺與其用人數者案昭三十二年晉士彌牟營成周計丈數揣高卑度厚薄仞溝洫又云以令役於諸侯屬役賦丈又宣十一年計慮用人功之數以此屬謂賦丈尺與人數也　**大會同**

則帥士庶子而掌其政令注帥帥以從王釋曰知帥帥以從王者案諸子職云若會同賓客作羣子從注云從從王是其事也若大射則合諸侯之六耦釋曰王大射之時有諸侯來朝在京師者大司馬令之爲六耦注大射王將祭射于射宮以選賢也王射三侯以諸侯爲六耦釋曰云大射王將祭射于射宮以選賢也者案禮記射義云古者天子之制諸侯歲獻貢士於天子天子試之於射宮而中多者得與於祭大射禮亦射於郊學宮中皆是爲祭選士故云選賢也云王射三侯者司裘云王大射則共虎侯熊侯豹侯是也此大射是將祭而射故用諸侯爲六耦若賓射射人亦用六耦但不用諸侯當用卿大夫爲之燕射三耦自然用卿大夫已下爲之大祭祀饗食羞牲魚授其祭釋曰大祭祀謂天地宗廟此大祭據宗廟而言其中小之祭祀亦爲之矣饗食謂諸侯來

朝上公三饗三食之等行之在廟故與大祭祀同皆羞進魚牲 **注** 牲魚魚牲也祭謂尸賓所以祭也鄭司農云大司馬主進魚牲　釋曰云祭謂尸賓所以祭也者大祭祀授尸祭饗食授賓祭祭者魚之大臠即少牢下篇云主人王婦尸侑各一魚加膴祭於其上膴謂魚之反覆者公食大夫亦云授賓祭故云祭謂尸賓所以祭若王祭則膳夫云授王祭是也先鄭云大司馬主進魚牲者必使司馬進之者司馬夏官夏陰氣所起魚水物亦陰類故使司馬進之也

大喪平士大夫 釋曰必使司馬平之者司馬之屬有司士主羣吏今王喪不使司士故司馬平之 **注** 鄭司農云平一其服也玄謂平者正其職與其位　釋曰先鄭云平一其服也者後鄭不從者小宗伯已懸衰冠故後鄭以爲平者正其職與其位也

喪祭奉詔馬牲 **注** 王喪之以馬祭者蓋遣奠也奉猶送也送之至墓告而藏之　釋曰鄭知喪祭是大遣奠者以其喪奠反虞卒哭祭之等無

奉送詔告惟有火遣奠入壙之時有奉送之事故知喪祭是大遣奠耳

小司馬之職掌 注此下字脫滅札爛又闕漢興求之不得遂無識其數者 釋曰鄭知脫滅札爛又闕者見天官小宰地官小司徒春官小宗伯之等職掌下其文多矣凡小祭祀之言皆是於下摠結以此下脫滅札爛又闕也言脫滅者直據職掌下一經脫滅札爛又闕者以其下經簡札爲韋編折爛闕落知漢興求之不得者此闕與冬官所云同日皆爲遭暴秦燔滅典籍漢興購求遺書不得也云遂無識其數者以其無文遂無記識職掌以下之數耳

凡小祭祀會同饗射師田喪紀掌其事如大司馬之灋 釋曰云小祭祀已下至喪紀皆蒙此小字對大司馬大祭祀之等大司馬之小會同謂諸侯使卿大夫來聘王使卿大夫與之會同言饗射師田皆是諸侯卿大夫來聘王還

使卿大夫與饗燕及射師田之等也小喪紀者三夫人已下云掌事如大司馬之法亦如大司馬羞魚牲授其祭之等也

軍司馬闕

輿司馬闕

行司馬闕 釋曰軍司馬當宰夫肆師之等皆下大夫四人輿司馬當上士八人行司馬當中士十六人餘官皆無異稱此獨有之者以軍事是重故特生别名此等皆與上同闕落之

周禮疏卷第三十四

周禮疏卷第三十五

唐朝散大夫行太學博士弘文館學士臣賈公彥等撰

司勳掌六鄉賞地之灋以等其功 注賞地賞田也在遠郊之內屬六鄉焉等猶差也以功大小爲差 釋曰知賞地是賞田在遠郊之內者以載師職云牛田賞田任遠郊之地故知也知屬六鄉者以其遠郊內置六鄉故也云以大小爲差者以下文云輕重視功則賞地大小不定故知以功大小爲差

王功曰勳 注輔成王業若周公 釋曰知據王業者以其言王繼王身而言明據王之位業而說耳以周公攝政相幼君致大平還政成王是輔成王業之事故以周公託之但經之所云不得專爲周公伊尹之等故皆云若比擬之耳

國功曰功 注保全國家若伊尹 釋曰鄭知保全國家者以其言國

繼國而言故知是保全國家者也以伊尹比之者以湯時
天下大平湯崩孫大甲即位不明政事伊尹爲數篇書以
諫之諫既不入乃放之桐宫三年思庸
復歸於亳國家得全故以伊尹擬之耳 **民功曰庸** 注法施於
民若后稷 釋曰知法施於民者以其言民繼民言之先
王之業以農爲本以后稷比之者周之先祖棄爲堯之稷
官農人植嘉穀天下爲烈豈一手一足哉庸
亦功也以法施於民有功故以后稷擬之 **事功曰勞**
注以勞定國若禹 釋曰知以勞定國者以其言勞據勤
勞施國而言堯遭洪水下民昏墊國家不定命禹治之手
足胼胝三過門不入弼成五
服國乃獲安故以禹擬之也 **治功曰力** 注制法成治若咎
繇 釋曰以其言治
言力故知制法成治出其謀力案虞書帝謂咎繇云蠻夷
猾夏寇賊姦宄汝作士五刑有服是咎繇制其刑法國家
治理故以
咎繇擬之 **戰功曰多** 注尅敵出奇若韓信陳平司馬法曰
上多前虜 釋曰知多是尅敵出

奇者以其言多是於衆之中比校多少之事故知是剋敵出奇比彼爲多者也漢之二將是剋敵出奇之人故以擬之耳云司馬法曰上多前虜者彼亦是戰以功多爲上居於陳前虜獲俘囚故引以證多爲戰功者也此上六者皆對文爲義若散文則通是以春秋左氏云舍爵策勳彼戰還而飲至不云舍爵策多是通也弱堂位云周公爲有勳勞於天下是周公德大有勳兼勞者也

凡有功者銘書於王之大常祭於大烝司勳詔之

釋曰云凡有功謂上六者故云凡以該之使司勳詔之者以其司勳知功之有無大小故也詔之謂詔司常書之又以辭使春官告神

注銘之言名也生則書于王旌以識其人與其功也死則於烝先王祭之詔謂告其神以辭也盤庚告其卿大夫曰茲予大享于先王爾祖其從預享之是也今漢祭功臣於廟庭

釋曰言生則書於王旌以識其人與其功也者以王建大常故云王旌必於王旌識

功與人者王旌車上建之就旌上書之欲取表顯示人故也引盤庚告其鄉大夫者盤庚殷王欲遷往亳殺臣民有不肯者故告之云我不掩爾善所以者何茲予大享於先王之時爾祖其從先王與在享祭之中況爾見在不掩可知何不從我遷乎引漢法欲見古者祭功臣在廟庭也必祭功臣在冬之蒸祭者蒸者衆也冬時物成者衆故祭功臣案彼書注以大享爲蒸嘗者此舉冬祭物成者衆而言其嘗時亦祭之也或可周時直於蒸時祭功臣殷時蒸嘗俱祭禮異故也

大功司勲藏其貳 注貳猶副也功書藏於天府又副於此者以其主賞 釋曰鄭知功書藏於天府者天府職文也

掌賞地之政令 注政令謂役賦 釋曰鄭以政爲征征稅也賞地在六鄉之內亦從溝洫貢天子法其民亦從鄉之徭役之法

凡賞無常輕重眡功 注無常者功之大小不可豫 釋曰賞地在遠郊之內有疆界未給者空之待有功乃隨

功大小給之故云不可豫也

凡頒賞地參之一食注鄭司農云不以美田爲采邑玄謂賞地之稅參分計稅王食其一也二全入於臣

釋曰先鄭意以參之一食者謂以下地可食三之一似下地再易家得三頃歲種一頃食之故云不以美田爲采邑又以賞田與采邑爲一物後鄭不從者不以美田爲采邑亦無文以言之又案載師職家邑任稍地小都任縣地大都任疆地自三百里已外爲之其賞田任在遠郊之內何得爲一物故鄭不從也後鄭云賞地之稅參分計稅王食其一也二全入於臣者采地之稅四之一與小國入天子同今賞田三之一一分入天子與次國三之一入天子同

唯加田無國正釋曰言無國征無稅入天子法其民出稅入主則有之但加田未知所在或可與賞田同與以其任田在近郊加田在遠郊可知也

注加田既賞之又加賜以田所以厚恩也鄭司農云正謂稅也祿田亦有給公家之賦貢若今時侯國有司農少

府錢穀矣獨加賞之田無正耳　釋曰知加田旣賞之又加賜以田者以其文承賞田之下即云加田故知賞田之外所加賜之田可知先鄭云祿田亦有給公家之賦貢槀漢法侯國有司農少府錢穀者漢法穀入司農錢入少府故槀以爲況祿田即采地之稅及賞田之等是也加田是加恩厚又不稅入天子凡大夫士賜地有四種大夫已上有采家邑任稍地之等是也又有賞田及加田載師又有仕田及王制圭田圭田即仕田是有四種禮記王制云大夫士有田則祭無田則薦少牢特牲是大夫有田者是知士亦有田之法也

馬質掌質馬馬量三物一曰戎馬二曰田馬三曰駑馬皆有物賈　釋曰云馬質者質平也主平馬力及毛色與賈直之等　注此三馬買以給官府之使無種也鄭司農曰皆有物賈皆有物色及賈真　釋曰云此三馬買以給官府之使無種

者馬有六種此三者無種買以給官府餘三者仍有種馬齊馬道馬其齊馬道馬亦無種不買之者其種馬上善似母者其齊馬道馬雖非上善似母者亦容國家所蕃育不買之也**綱惡馬**注鄭司農云綱讀爲以亢其鞿之亢書亦或爲亢亢御也禁也禁去惡馬不畜也玄謂綱以縻索維綱狎習之 釋曰先鄭讀爲以亢其鞿之亢者案僖二十八年晉子犯曰背惠食言以亢其鞿是也謂禁去惡馬不畜後鄭不從者此馬質所掌皆買之無種何有惡馬禁去之類故不從也**凡受馬於有司者書其齒毛與其賈馬死則旬之內更旬之外入馬耳以其物更其外否**注鄭司農云更謂償也玄謂旬之內死者償以齒毛與賈受之日淺養之惡也旬之外死入馬耳償以毛色不以齒賈任之過其任也其外否者旬之外踰二十日而死不任用非用者罪 釋

曰後鄭云旬内死者償以齒毛與賈受之日淺養之惡也者所受之馬謂給公家之使旬之内雖任之過其任若養之善未能致死以其日少故也若養之惡雖不重任亦能致死云旬之外死入馬耳償以毛色不以齒賈任之過其任也者以其筋力既竭雖善養之任載過多可以致死故云過其任也云其外否者旬之外踰二十日死不任用非用者罪者以其行使二十日以外馬力既竭雖齊其任養之善容得致死故不償鄭見有三等之法下復云以任齊其行以意量之以為此解

馬及行則以任齊其行注識其所載輕重及道里齊其勞逸乃復用之　釋曰鄭知識其所載輕重及道里者以其經云馬及行明授行者所載輕重及道里須齊勞逸乃復用之不得并其勞逸也

若有馬訟則聽之注訟謂賣買之言相負　釋曰知賣買之言者以馬賣主買馬故知之也

禁原蠶者注原再也天文辰為馬蠶書蠶為龍精月

直大火則浴其種是蠶與馬同氣物莫能兩大禁再蠶者
爲傷馬與　釋曰云天文辰爲馬者辰則大火房爲天駟
故云辰爲馬云蠶書蠶爲龍精月值大火則浴其種者月
值大火謂二月則浴其種則內宰云仲春詔后帥外內命
婦始蠶于北郊是也若然祭義云大昕之朝奉種浴於川
注云大昕季春朔日之朝是建辰之月又浴之者蓋蠶將
生重浴之故彼下文即云桑於公桑之事是也云是蠶與
馬同氣者以其俱取大火是同氣也云物莫能兩大者此
莊二十二年左傳文案彼陳敬仲奔齊齊侯使敬仲爲卿
敬仲其少也周史有以周易見陳侯者陳侯使筮之遇觀
之否曰是謂觀國之光利用賓于王此其代陳有國乎不
在此其在異國乎下云若在異國必姜姓也姜大嶽之後
也山嶽則配天物莫能兩大陳衰此其昌乎引此者是無
並大之義也云禁再蠶者爲傷馬與者二者既同氣不可
兩大而禁再蠶明恐傷馬
無正文故云與以疑之也

量人掌建國之灋以分國爲九州營國城郭營后宮量市朝道巷門渠造都邑亦如之釋曰云掌建國之法者以其建國當先知遠近廣長之數故也云以分國爲九州者分國謂分諸侯之國爲九州假令土廣萬里中國七千七七四十九方千里者四十九其一爲畿內其餘四十八八州各得方千里者六是爲九州也至於中平通夷狄七千中國五千夷狄通夷狄五千中國三千計皆可知故分國爲九州州各有疆界故詩云帝命式於九圍是州各有圍限也云營國城郭者即匠人云營國方九里之類也云營后宮者謂若典命注公之宮方九百步天子千二百步之類也云量市朝道巷者謂若匠人云市朝一夫經塗九軌巷及門渠亦有尺數謂若門容二轍三个之等云造都邑亦如之者謂造三等采地亦有城郭宮室市朝之等故注建立也立國有舊云如之但與之制度大小未必身往耳注法式若匠人職云

分國定天下之國分也后君也言君容王與諸侯　釋曰
云立國有舊法式若匠人職云者案匠人有營國方九里
夏后氏世室及左祖右社面朝後市市一夫之等云分國
定天下之國分也者以經云分國謂爲諸侯國諸侯國有
五百里四百里已下言爲州謂九州有分界也云后君也
知非王后之宮者以其不得先言后故以后爲君也云言
君容王與諸侯者以其言分國是諸侯若云王即
不容諸侯故變王云后欲容王與諸侯兩含故也　**營軍**
之壘舍量其市朝州涂軍社之所里　釋曰此爲
出軍之時所　**注**　軍壁曰壘鄭司農云量其市朝州涂還市
營量度之事　朝而爲道也玄謂州一州之衆二千五百
人爲師每師一處市也朝也州也皆有道以相之軍社社
主在軍者里居也　釋曰云軍壁曰壘者軍行之所擬停
之處皆爲壘壁恐有非常故云軍壁曰壘也先鄭云量其
市朝州塗還市朝而爲道也者先鄭意還市朝而爲道不

釋州義故後鄭不從以一州則一師每一師各自一處各立市朝州即師也師嘗道以相湊之若然未必環遶爲路也云軍社社主在軍者皇居也者在軍不用命戮於社故將社之石主而行所居皆有步數故職在量人 邦國之地與天下之涂數皆書而藏之 注書地謂方圜山川之廣狹書涂謂支湊之遠近 釋曰鄭以地中有平廣兼山川之等故云書地謂方圜山川之廣狹也云書涂謂支湊之遠近者支謂支分湊謂臻湊道塗有支分及相臻湊遠近也 凡祭祀饗賓制其從獻脯燔之數量 釋曰云凡者以其天地宗廟饗食事廣故云凡以該之饗賓謂若大行人上公三饗九獻之等饗賓獻有脯從若燕行獻賓薦脯醢是也祭禮獻以燔從故摠之言也 注鄭司農云從獻者肉殽從酒也玄謂燔從於獻酒之肉炙也數多少也量長短也 釋曰先鄭云從獻者肉殽從酒也後

鄭不從者以肉殽從酒禮所不言案特牲少牢云主人獻尸以肝從主婦獻尸以燔從故後鄭據此以爲從獻以燔詩云載燔載烈毛云傅火曰燔貫之加於火曰烈燔雖不貫亦是炙肉故鄭云炙肉數多少也量長短也者案儀禮脯十脡各長尺二寸是多少長短燔之數量未聞

掌喪祭奠竁之俎實 釋曰諸於喪祭多據虞祭而言此喪祭文連奠竁竁是壙內故鄭以喪祭爲大遣奠解之是以大司馬喪祭亦爲遣奠也

注 竁亦有俎實謂所包遣奠士喪禮下篇曰藏苞筲於旁 釋曰案冢人云請度甫竁竁穿壙之名此言奠竁則奠入於壙是以云所包遣奠也引士喪禮下篇者即既夕禮是也云藏包筲於旁者包謂包牲取下體葦包二是也藏筲者即既夕禮云筲三黍稷麥並藏之於棺旁引之者證喪祭奠入壙之事也

凡宰祭與鬱人受斝歷而皆飲之 釋曰云凡宰祭

者冢宰攝祭非注言宰祭者冢宰佐王祭亦容攝祭鄭司一故云凡也農云斝讀如嫁娶之嫁斝器名明堂位曰爵夏后氏以琖殷以斝周以爵玄謂斝讀如嘏尸之嘏宰冢宰　釋曰鄭云冢宰佐王祭亦容攝祭者義得兩含祭事重掌者此據宗伯亦有故則冢宰攝之先鄭云斝讀案大宗伯云若王不與祭祀則攝位注云王有故代行其如嫁娶之嫁直取音同引明堂位者證斝是器名周獻用玉爵無用斝故後鄭云斝讀如嘏尸之嘏讀從少牢尸嘏主人郊特牲云嘏者長也大也謂使主人受長大之福䟽已具於鬱人職但此有歷字者謂鬱人與量人歷皆飲之也

小子掌祭祀羞羊肆羊殽肉豆注鄭司農云羞進也羊肆體薦全烝也羊殽體解節折也肉豆者切肉也玄謂肆讀爲鬄羊鬄者所謂豚解也　釋曰先鄭云羊肆體薦全烝也者既不爲豚解則先鄭讀爲肆陳之肆又爲鬄音也先鄭爲體薦全烝後鄭不從者以此經祭用羊是用大

牢爲宗廟之祭非祭天案外傳云禘郊之事則有全烝王公立飫則有房俎是以知宗廟之祭不得全烝也是故禮運云腥其俎孰其殽注云腥其俎豚解而腥之孰其殽體解而爓之又云退而合亨體其犬豕牛羊是祭宗廟不得有全烝也是以後鄭讀肆從鬄鬄者所謂豚解也所謂者所謂士虞禮記云主人不視豚解豚解之法則士喪禮特豚四鬄去蹄謂四段解之殊肩髀如解豚故名豚解若然大夫士祭自饋孰始正祭即體解解爲二十一體喪事略則有豚解其天子諸侯之祭有腥有爓有孰故初朝踐有豚解而腥之饋獻則有體解而爓之酳尸乃有孰與大夫士不同也

而掌珥于社稷祈于五祀

注故書祀作禩鄭司農云禩讀爲祀書亦或爲祀珥社稷以牲頭祭也玄謂珥讀爲衈祈或爲刏刏衈者釁禮之事也用毛牲曰刏羽牲曰衈衈刏社稷五祀謂始成其宮兆時也春官肆師職祈或作幾秋官士師職曰凡刏珥則奉犬牲此刏衈正字與 釋曰先鄭士

珥以牲頭祭漢時祈禱有牲頭祭後鄭不從者案禮記雜記釁廟之禮云門夾室用雞其衈皆於屋下衈既爲釁禮此刉與衈連文則刉亦是釁禮非祭祀之法何得爲牲頭祭乎是以後鄭爲釁法解之玄謂珥讀爲衈祈或爲刉者以釁法無取於王珥及祈禱之義故依士師刉衈爲正也鄭知刉衈爲釁禮之事約雜記而知也玄用毛牲曰刉羽牲曰衈者此相對而言雜記廟用羊門用雞皆玄衈散文通也知刉衈是社稷五祀始成其宫兆時也者凡物須釁者皆謂始成時是以雜記云廟成則釁之是也玄春官肆師職祈或作幾者鄭欲見字有參差非一之義玄秋官士師職曰凡刉衈則奉犬牲此刉衈正字與者刉從刀衈從血於義合故以此爲正字也

凡沈辜侯禳飾其牲 注鄭司農云沈謂祭川爾雅曰祭川曰浮沈辜謂磔牲以祭也月令曰九門磔禳以畢春氣侯禳者侯四時惡氣禳去之也 釋曰先鄭云沈謂祭川是以引爾雅爲證案爾雅云祭山曰庪縣祭川曰

浮沈此浮沈之祭當祭天之煙祭謂之血亦謂歆神節先鄭引月令季春令者證辜是辜磔牲體之義鄭彼注九門者王之五門外有國門近郊門遠郊門關門爲九云侯禳者謂候四時惡氣禳除去之也**釁邦器及軍器**注邦器謂禮樂之器及祭器之屬雜記曰凡宗廟之器其名者成則釁之以豭豚　釋曰鄭以軍器別言即云邦器者是禮樂之器也鄭云禮器者即射器之等樂器即鐘鼓之等祭器即籩豆俎簋尊彝器皆是引雜記宗廟器成釁之以豭豚者證此等所釁亦用豭豚也**凡師田斬牲以左右徇陳**注示犯誓必殺之　釋曰此即上文誓衆之時斬牲以左右徇陳是此職也**祭祀贊羞受徹焉**釋曰贊羞謂若上文大司馬職云祭祀羞魚牲之等此官即贊之云受徹焉者謂祭畢諸宰君婦廢徹之時則此官受之

羊人掌羊牲凡祭祀飾羔注羊小羊也詩曰四之日其早獻羔祭韭 釋曰凡正祭皆用成牲今言祭祀飾羔則非正祭用羔是以鄭引詩爲證云四之日者謂用建子爲正至建卯四月夏之二月之日公始用冰欲開冰之時先獻羔祭韭而啓冰室乃出冰也 祭祀割羊牲登其首注登升也升首報陽也升首于室 釋曰知升首於室者見郊特牲云用牲於庭升首於室注云制祭之後升牲首於北墉下云報陽者首爲陽對足爲陰祭祀之時三牲之首俱升此特言羊者以其羊人所升不升餘牲故言羊也

凡祈珥共其羊牲注共猶給也 釋曰犬人共犬此云共羊或羊或犬俱得爲釁故兩識各共之也 賓客共其灋羊注灋羊飧饔積善之羊 釋曰鄭知法羊是爲此等者以其言法即是依法度多少送於賓館及道路是以掌客致於賓館有上公飧五牢饔餼九牢及殺膳大牢致於

道路有五積之等其饗食及燕速賓自饌陳者不言之也凡沈辜侯禳釁積共其羊牲注積故書爲眦鄭司農云眦讀爲漬謂釁國寶漬軍器也玄謂積積柴禋祀槱燎實柴　釋曰先鄭不從故書眦故讀從水漬後鄭不從漬軍器者以此羊人所共共小子職彼云釁邦器及軍器以此知不得爲漬軍器也後鄭云積積柴禋祀槱燎實柴歷言此三者以互而相通皆須積柴實牲幣而煙氣上聞故也但祭天用犢其日月已下有用羊者故我將詩云惟牛惟羊惟天其祐之彼亦據日月以下及配食者也若牧人無牲則受布于司馬使其賈買牲而共之布泉

司爟掌行火之政令四時變國火以救時疾

釋曰云掌行火之政令者即四時變國火及季春出火等
皆是也云四時變國火以救時疾者火雖是一四時以木
爲變所以禳去 注 行猶用也變猶易也鄭司農說以鄹子
時氣之疾也 曰春取榆柳之火夏取棗杏之火季夏
取桑柘之火秋取柞楢之火冬取槐檀之火 釋曰先鄭
引鄹子書論語注引周書不同者鄹子書出於周書其義
是一故各引其一言春取榆柳之等舊師皆以爲取五方
之色同故用之今案棗杏雖赤榆柳不青槐檀不黑其義
未聞 季春出火民咸從之季秋内火民亦如之
注火所以用陶冶民隨國而爲之鄭人鑄刑書火星未出
而出火後有災鄭司農云以三月本時昬心星見于辰上
使民出火九月本黄昬心星伏在戌上使民内火故春秋
傳曰以出内火 釋曰鄭知出火内火據陶冶火者以其
上經四時變國火據食火明此春秋據陶冶故引春秋傳
爲證也云民隨國而爲之者釋民咸從之義云鄭人已下

柴左氏昭六年三月鄭人鑄刑書上文伯曰火見鄭其災乎火未出而作火六月丙戌鄭災是其後有災昭十七年梓愼曰火出於夏爲三月於商爲四月於周爲五月夏數得天正先鄭云三月本時昏心星見於辰上使民出火九月本昏心星伏在戌上使民內火者心星則大火辰星是也三月諸星復在本位心星本位在卯三月本之昏心星始時未必出見卯南九月本始之黃昏心星亦未必伏在戌上皆據月半後而言云春秋傳曰以出內火者左氏傳襄公九年文

時則施火令 注焚萊之時 釋曰上言行火政此又言施火令則不掌火禁故鄭云焚萊之時其火禁者則宮正云春秋以木鐸脩火禁注云火星以春出必利入因天時而以戒司烜亦云仲春以木鐸脩火禁于國中彼二官直掌火禁不掌火令

凡祭祀則祭爟 注報其爲明之功禮如祭爨 釋曰鄭云禮如祭爨者祭爨祭老婦也則此祭爟謂祭先出火之人

凡國失火野

焚萊則有刑罰焉注野焚萊民擅放火 釋曰國失火謂在國中民失火有罰若今

民失火有杖罰野焚萊有罰者大司馬仲春田獵云火弊

鄭云春田主用火因除陳生新則二月後擅放火則有罰也

掌固掌脩城郭溝池樹渠之固頒其士庶子

及其衆庶之守 釋曰云掌脩城郭溝池者謂環城及郭皆有溝池云樹渠者非直溝池有樹

兼其餘渠上亦有樹也云之固者揔城郭已下數事皆是

牢固之事也云頒其士庶子者即宮伯所云士謂卿大夫

士之適子庶子其支庶彼據宿衛王宮此掌固所頒亦據

宿衛王宮而言以其庶子不合城郭之處用之以掌固是

固守之官故兼掌宿衛之事也注樹謂枳棘之屬有刺者也衆庶民遞守固者也鄭司農說樹以國語曰城守之

木於是乎用之 釋曰云衆庶民遞守固者也者謂使守

城郭之所及要塞之處也先鄭引國語者案楚語云靈王

爲章華之臺五皐諫爲臺榭云嶢之地於是乎爲之設城守之木於是乎用之是其事引之者證城有守法

其飾器 注兵甲之屬今城郭門之器亦然 釋曰鄭知經飾器是兵甲之屬者以其掌器是防禦之器故知是兵甲之屬也云今城郭門之器亦然者漢時城郭門守器所飾亦若今城郭門傍所執矛戟皆有播飾之等是也

分其財用均其稍食 注財用國以財所給守吏之用也稍食祿稟 釋曰云財用者謂所用之財物分與之明是以財所給守吏爲守事之用者也云稍食祿稟者所守之處官及民合受官食月祿稟者所守之處守月給米稾與之故謂之稍食也

任其萬民用其材器 注任謂以其任使之也民之材器其所用塹築及爲藩落 釋曰云民之材器其所用塹築及爲藩落者對上文財用謂官之財物此云民之材器明材是材木用爲楨榦以掘塹築作所用及不築處即用材爲藩屏籬落以遮障也

凡守者受灋焉以通守政有移甲與其役財用唯是得通與國有司帥之以贊其不足者注凡守者士庶子及他要害之守吏通守政者兵甲役財難易多少轉移相給也其他非是不得妄離部署者國有司掌固也其移之者又與掌固帥致之贊佐也　釋曰云凡守者士庶子及他要害之守吏者此鄭還據上文士庶子及衆庶之守而言云他要害者謂城郭所守是其常處除此有要害之處若殽阜河漢要路之所旨爲他要害也云通守政者兵甲役財難易多少轉移相給者鄭據上文飾器而言變材器言役材者欲見材器是民役之材非財用者云其他非是不得妄離部署者此則釋經惟是得通之言其餘非所通之外皆不得離其本處也

晝三巡之夜亦如之注巡行也行守者爲衆庶之解情　釋曰此乃掌固設法與所

守之處非是掌固自巡行之也 夜三鼜以號戒 釋曰此乃掌固設法與所守之處言以號戒者使擊鼜者所以號呼使戒守耳 注杜子春云讀鼜爲造次之造謂擊鼓行夜戒守也春秋傳所謂賓將趣者與趣與造音相近故曰終夕與燎玄謂鼜擊鼜警守鼓也三巡之間又三擊鼜 釋曰引春秋者案昭二十年衛侯如死鳥齊侯使公孫青聘衛賓將掫注謂行夜不作趣者彼賈服讀字與子春意異云故曰終夕與燎者亦是彼傳文後鄭以鼜擊鼜警守鼓不從子春造音者子春已上有注鼜讀爲憂慼之慼是戒守者使有憂慼故謂此鼓爲鼜也 若造都邑則治其固與其守灋 注都邑亦爲城郭 釋曰謂三等采地言亦爲城郭者但戒守爲城郭而言故亦如上王國然也 凡國都之竟有溝樹之固郊亦如之 注竟界也 釋曰此經爲上經而設仍兼見王國而

言故國都雙言之言王國及三等都邑所在境界之上亦爲溝樹以爲阻固郊亦如之若據王國有近郊遠郊亦有溝樹以

民皆有職焉

注職謂守與任

釋曰此亦兼上王國及都合守之處其民皆職任使勞

若有山川則因之

釋曰謂上諸有所造溝樹爲固之處值有山川之處則因之不須別造

注山川若殽阜河漢

釋曰殽謂若殽有二陵阜謂若東城阜漢謂若楚謂齊云楚國漢水以爲池河爲四瀆之險又齊西有濁河皆因之爲固可知

司險掌九州之圖以周知其山林川澤之阻而達其道路

釋曰序官注國曰固野曰險是掌固掌在國城郭則司險掌畿外阻固故云司險也

注周猶徧也達謂 路者山林之阻則開鑿之川澤之阻則橋梁之

釋曰云山林之阻則開鑿之者謂若禹鑿龍門之

類川澤之阻則橋梁之者謂
若十月卓梁成之類是也 **設國之五溝五涂而**
樹之林以爲阻固皆有守禁而達其道路
釋曰此五溝五涂而言樹之林以爲阻固皆有守禁則非
遂人田間五溝五塗但溝塗所作隨所須大小而爲之皆
準約田間五溝五塗其溝上亦皆有道 **注** 五溝遂溝洫澮
路以相〻湊故以五溝五塗而言之也 川也五涂徑畛
涂道路也樹之林作藩落也 釋曰遂溝至道路皆遂人
文故遂人云夫間有遂遂上有徑十夫溝溝上有畛百夫有
洫洫上有涂千夫有澮澮上有
道萬夫有川川上有路是也 **國有故則藩塞阻**
路而止行者以其屬守之唯有節者達之
釋曰國有故之時恐有姦寇故藩塞阻路而止行者云以
其屬守之者謂使司險之下胥徒四十人之屬守其要者

其餘使其地之民爲守也云有節 **注** 有故喪災及兵也閉
者違之者節謂道路用旌節也 絶要害之道備姧寇
也 釋曰鄭知有故是喪災及兵者喪謂王喪災謂水火
兵謂寇戎之等有故使守慎惟此而已故以此三事解之

掌疆 闕

候人各掌其方之道治與其禁令以設候人 法道治治
道也國語曰候不在竟譏不居其方也禁令備姧寇也以設
候人者選士卒以爲之詩云彼候人兮何戈與祋 釋曰言
各掌其方之道治與其禁令以設候人者以其上士六人下士十
有二人徒百二十人以道路多故設官及徒亦多也引國語者
案周語定王使單襄公聘于宋遂假道於陳以聘於楚時
候不在境司空不視塗膳宰不致餼司里不授館單子歸
以告王曰陳侯不有大咎國必亡云言譏者正謂陳侯不有
大咎國必亡者也詩云彼候人兮荷戈與祋者荷揭也祋

謂叉也引此二者諸侯人在道之事鄭言候人者選士卒以爲之者即徒百二十人皆是甲士與步卒之内爲之也

若有方治則帥而致于朝及歸送之于竟

注方治其方來治國事者也春秋傳曰晉欒盈過周王使候人出諸轘轅是其送之　釋曰方治其方來治國事者也者謂國有事不能自決當决於王國或有國事須報在上皆是也引春秋者案襄二十一年晉欒盈出奔楚過周周西鄙掠之辭於行人曰天子陪臣盈得罪於王之守臣將逃罪罪重於郊甸無所伏竄敢布其死昔陪臣書能輸力於王室若不棄書之力亡臣猶有所逃若棄書之力將歸死於尉氏惟大君命焉王使司徒禁掠欒氏者歸所取焉使候出諸轘轅彼云候鄭君以義言之故言候人也

環人掌致師　注致師者致其必戰之志古者將戰先使勇力之士犯敵焉春秋傳曰楚許伯

攝叔爲右以致晉師許伯曰吾聞致師者御靡旌摩壘而還樂伯曰吾聞致師者左射以菆代御執轡御下摘馬掉鞅而還攝叔曰吾聞致師者右入壘折馘執俘而還皆行其所聞而復之　釋曰云古者將戰先使勇力之士犯敵焉者案文十二年秦伯伐晉秦人欲戰秦伯謂士會曰若何而戰對曰若使輕者肆焉其可注云肆突言使輕銳之兵往驅突晉軍隱九年北戎侵鄭公子突曰使勇而無剛者嘗寇而速去之注云勇則能往無剛不恥退云春秋傳者宣十二年左氏傳晉楚交戰楚許伯御樂伯已下謂凡平兵車之法射者在左御者在中戈盾在右菆矢之善者揄猶飾也掉猶正也言折馘執俘者死者取左耳曰馘生者曰俘執取之云皆行其所聞而復之者去時作言及晉師皆行其所聞之事而復反此亦勇而無剛之人引之者證致師之事也

察軍慝　注慝陰姦也視軍中有爲慝者則執之　釋曰案莊二十五年左氏傳云惟正月朔慝未作彼以慝爲陰氣則此慝亦是陰姦也[illegible]

謂殳也引此二者諮候人在道之事鄭言候人者選士卒以爲之者即徒百二十人皆是甲士與步卒之内爲之也

若有方治則帥而致于朝及歸送之于竟

注方治其方來治國事者也春秋傳曰晉欒盈過周王使候人出諸轘轅是其送之　釋曰方治其方來治國事者也者謂國有事不能自決當決於王國或有國事須報在上皆是也引春秋者案襄二十一年晉欒盈出奔楚過周周西鄙掠之辭於行人曰天子陪臣盈得罪於王之守臣將逃罪罪重於郊甸無所伏竄敢布其死昔陪臣書能輸力於王室若不棄書之力亡臣猶有所逃若棄書之力將歸死於尉氏惟大君命焉王使司徒禁掠欒氏者歸所取焉使候出諸轘轅彼云候鄭君以義言之故言候人也

環人掌致師　注致師者致其必戰之志古者將戰先使勇力之士犯敵焉春秋傳曰楚許伯

攝叔爲右以致晉師許伯曰吾聞致師者御靡旌摩壘而還樂伯曰吾聞致師者左射以菆代御執轡御下㧕馬掉鞅而還攝叔曰吾聞致師者右入壘折馘執俘而還皆行其所聞而復之　釋曰云古者將戰先使勇力之士犯敵焉者案文十二年秦伯伐晉秦人欲戰秦伯謂士會曰若何而戰對曰若使輕者肆焉其可注云肆突言使輕銳之兵往驅突晉軍隱九年北戎侵鄭公子突曰使勇而無剛者嘗寇而速去之注云勇則能往無剛不恥退云春秋傳者宣十二年左氏傳晉楚交戰楚許伯御樂伯已下謂凡平兵車之法射者在左御者在中戈盾在右菆矢之善者㧕猶飾也掉猶正也言折馘執俘者死者取左耳曰馘生者曰俘執取之云皆行其所聞而復之者去時作言及晉師皆行其所聞之事而復反此亦勇而無剛之人引之者證致師之事也

察軍慝

注慝陰姦也視軍中有爲慝惡者則執之　釋曰案莊二十五年左氏傳云唯正月朔慝未作彼以慝爲陰氣則此慝亦是陰姦也欲

陰私爲姦取此軍之事往彼言之故察而執之環四方之故注卻其以事謀來侵伐者所謂折衝禦侮釋曰此則訓環爲卻卻其以事謀來侵伐此國者也云所謂折衝禦侮者謂彼國來衝能折服之彼國來輕侮能禦之故云折衝禦侮也巡邦國搏諜賊注諜賊反間爲國賊釋曰云巡邦國者謂巡諸侯邦之內有諜賊搏捉取之言諜賊者謂閒伺比國之善惡諜諜然傳道之言反間者謂間伺反於彼言之也此諜賊即上軍慝之類彼據王國此據邦國故異言之訟敵國注敵國兵來則往之與訟曲直若齊國佐如師釋曰云若齊國佐者成公二年晉伐齊晉師至秦婁齊侯使國佐致賂晉人不可曰必以蕭同叔子爲質而使齊之封內盡東其畝對曰蕭同叔子非他寡君之母也若以匹敵則亦晉君之母也今吾子布大命於諸侯而曰必質其母以爲信其若王命何又曰先王疆理天下物土之宜而布其利下云今吾子疆理諸侯而曰盡東其

敵而已惟吾子戎車是利無顧土宜其無乃非先王之命也乎晉於是退師是詆敵國之事故引爲證也**揚軍旅**注爲之威武以觀敵詩云惟師尚父時惟鷹揚　釋曰引詩者大雅文王詩言大公爲大師可尚可父武王伐紂之時大公奮其威武惟如鷹之揚擊是揚威武之事故引爲證也**降圍邑**注圍邑欲降者受而降之春秋傳曰齊人降鄣　釋曰案公羊傳莊公三十年秋七月齊人降鄣鄣者何紀人之遺邑也是紀入齊之時不俱至後乃降引之證降是圍邑之事也

挈壺氏掌挈壺以令軍井挈轡以令舍挈畚以令糧注鄭司農云挈壺以令軍井謂爲軍穿井井成挈壺縣其上令軍中士衆皆望見知此下有井壺所以盛飲故以壺表井挈轡以令舍亦縣轡于所當舍止之處使軍望見知當舍止于此轡所以駕舍故以轡表舍挈畚以令糧亦縣畚于所當稟假之處令軍望見知當稟假

于此下也畚所以盛糧之器故以畚表稾車中人多車時雜會讙囂號令不能相聞故各以其物爲表省煩趨疾于事便也　釋曰皆云挈者謂結之於竿首挈挈然故云挈也先鄭注具不復疏之也　凡軍事縣壺以序聚㯨凡喪縣壺以代哭者皆以水火守之分以日夜　注鄭司農云縣壺以爲漏以序聚㯨以次更聚擊㯨備守也玄謂擊㯨兩木相敲行夜時也代亦更也禮未大斂代哭以水守壺者爲沃漏也以火守壺者夜則視刻數也分以日夜者異晝夜漏也漏之箭晝夜共百刻冬夏之閒有長短焉大史立成法有四十八箭　釋曰先鄭云縣壺以爲漏者謂縣壺於上以水沃之水漏下入器中以沒刻爲准法云以序聚㯨以次更聚擊㯨備守也者先鄭意持更人擊㯨玄謂擊㯨兩木相敲行夜時也者謂行夜者擊之案脩閭氏掌比國中宿互㯨者先鄭云㯨謂行夜擊㯨野盧氏云若有賓

客則令守塗地之人聚欜之司農云聚擊欜以宿
衛之也彼二注後鄭皆從先鄭及至此注不從先鄭者以
野盧氏無夜行者宿人自擊故後鄭從之此文與脩閭氏
同有行夜者故此不從先鄭宿者自擊之是以官正云夕
擊欜而比之注云行夜以比直宿者先鄭云欜戒守者所
擊也是亦爲行夜者所擊也云代亦更也禮未大斂代哭
者未殯已前無問尊卑皆哭不絶聲大斂之後乃更代而
哭亦使哭不絶聲大夫以官士親疏代哭人君尊又以壺
爲漏分更相代云分以日夜異晝夜漏也者若冬至則晝
短夜長夏至則晝長夜短二分則晝夜等晝夜長短不同
須分之故云異晝夜漏也云漏之箭晝夜共百刻冬夏之
間有長短焉者馬氏云漏凡百刻春秋分晝夜各五十刻
冬至晝則四十刻夜則六十刻夏至晝六十刻夜四十刻
鄭行堯典云日中者日見之漏與不見者齊日長者日
見之漏五十五刻於四時最長也夜中者日不見之漏與
見者齊日短者日見之漏四十五刻於四時最短此與馬

義異以其馬云春秋分晝夜五十刻據日見之漏若兼日未見日沒後五刻晝五十五刻夜四十五刻若夏至晝六十刻通日未見日沒後五刻則晝六十五刻夜三十五刻一年通閏有三百六十五日四分日之一四時之閒九日有餘校一刻爲率云大史立成法有四十八箭者此據漢法而言則以器盛四十八箭箭各百刻以壺盛水懸於箭上節而下之水水淹一刻則爲一刻四十八箭者葢取倍二十四氣也

鼎水而沸之而沃之

注鄭司農云冬水凍漏不下故以火炊水沸以沃之謂沃㴋也

及冬則以火爨

釋曰沃如沃尸盥之沃謂沸水稍熱澆沃壺中使下也

周禮疏卷第三十五

周禮疏卷第三十六

唐朝散大夫行太學博士弘文館學士臣賈公彥等撰

射人掌國之三公孤卿大夫之位三公北面孤東面卿大夫西面其摯三公執璧孤執皮帛卿執羔大夫鴈 釋曰三公特北面者君南面荅陽臣之北面荅君三公臣中最尊故屈之使北面荅君之義孤東面者西方者賓位以孤無職尊而賓客之故在西也卿大夫西面者以其皆有職故在東在東近君居主位也 注位將射始入見君之位不言士者此與諸侯之賓射士不與也燕禮曰公升即位于席西鄉小臣納卿大夫卿大夫皆入門右北面東上士立於西方東面北上大射亦云則凡朝燕及射臣見于君之禮同 釋曰知

位是將射始入見君之位者此射人唯論射事大射諸侯禮亦然故知將射見君始入見君之位也云不言士此與諸侯之賓射士不與也者無臣祭無所擇不得自大射得與君大射故司裘職大射不言士也案下文士豻侯二正則士得自行賓射不得與君賓射矣引燕禮者欲見天子諸侯朝燕射三者位同之義云凡朝燕及射臣見於君之禮同者以儀禮內諸侯有燕朝及射朝不見正朝周禮內天子有射朝與正朝不見燕朝諸侯射朝與燕朝位同則天子燕朝亦與射朝位同則諸侯正朝亦與射朝位同是天子諸侯三朝各自同故鄭引儀禮見天子諸侯互見爲義耳

諸侯在朝則皆北面詔相其灋

釋曰案司几筵云凡封國命諸侯大饗射王立扆前南鄉司服云享先公饗射則鷩冕鄭注云饗食射饗食賓客與諸侯射也此云王與之射言在朝當皮弁又何得有扆所以然者彼二者據大射在學故有著冕在扆之事此賓射在路門之外朝故與彼異也

注謂諸侯來朝而未歸王與之射於朝者皆北面從三公位法其禮儀　釋曰云從三公位者諸侯南面之尊故屈之從三公位也云法其禮儀者謂在朝進退周旋拱揖之儀也若有國事則掌其戒令詔相其事注謂王有祭祀之事諸侯當助其薦獻者也戒令告以齊與期　釋曰知國事是王有祭祀之事者以其諸侯來朝未歸而有戒令詔相之事大宗伯祭事皆云詔相故知是祭祀之事云戒令告以齊與期者齊謂散齊期謂祭日也掌其治達注謂諸侯因與王射及助祭而有所治受而達之於王王有命又受而下之　釋曰如鄭注意則治達之中非直諸侯有治于王王之有治亦下達於諸侯也以射灋治射儀王以六耦射三侯三獲三容樂以騶虞九節五正諸侯以四耦射二侯二獲

二容樂以貍首七節三正孤卿大夫以三耦射一侯一獲一容樂以采蘋五節二正士以三耦射豻侯一獲一容樂以采蘩五節二正注射法王射之禮治射儀謂肆之也鄭司農云三侯虎熊豹也容者乏也待獲者所蔽也九節析羽九重設於長杠也正所射也詩云終日射侯不出正兮二侯熊豹也豻侯豻者獸名也獸有貙豻熊虎玄謂三侯者五正三正二正之侯也二侯者三正二正之侯也一侯者二正而已此皆與賓射於朝之禮也考工梓人職曰張五采之侯則遠國屬遠國謂諸侯來朝者也五采之侯即五正之侯也正之言正也射者內志正則能中焉畫五正之侯中朱次白次蒼次黃玄居外三正損玄黃二正去白蒼而畫以朱綠其外之廣皆居侯中參分之一中二尺今儒家云四尺曰正二尺曰鵠鵠乃用皮其

大如正此說失之矣大射禮豻作干讀如宜豻宜獄之豻
胡犬也士與士射則以豻皮飾侯下大夫也大夫以上與
賓射飾侯以雲氣用采各如其正九節七節五節者奏樂
以爲射節之差言節者容侯道之數也樂記曰明乎其節
之志不失其事則功成而德行立　釋曰此則賓射在朝
之儀言射法王射之禮者此經兼有諸侯臣各在家與賓
客射法各自有官掌之射人但作法與之耳首云射法者
是射人所掌王射之禮言王射以別諸侯已下之射也云
治射儀謂肆之也者言治則非是正射之語謂若大宗伯
云治其大禮皆是習禮法故鄭云肆之肆則習也先鄭云
三侯虎熊豹後鄭不從云容者乏也者此言容儀禮大射
鄉射之等云乏故云容者乏也言容者據唱獲者容身於
其中據人而言云乏者矢至此乏極不過據矢而說也云
九節枂羽九重設於長杠也者若是枂羽九重設於長杠
即是獲旌當與三獲三容相依何得輙在騶虞之下既在
騶虞詩下明是歌之樂節故後鄭不從也云二侯熊豹也

者後鄭亦不從也云豻侯豻者獸名也獸有貔豻熊虎者
比皆獸類故舉言之也云謂三侯者五正三正二正之侯
也者大射賓射侯數同皆約大射云大侯九十糝侯七十
豻侯五十而言云二侯者三正二正之侯也者謂七十五
十弓者也云一侯者二正而已者據大夫士同一侯二正
五十弓而已云此皆與賓射於朝之禮也者案鄉射記云
於境則虎中龍旜謂諸侯賓射之禮彼又云唯君有射國
中其餘臣則否注云臣不習武事於君側則臣皆不得在
國射若然在朝賓射唯有天子而云此皆與賓射於朝之
禮者謂諸侯已下賓射在己朝不謂於天子朝行此賓射
之禮也云考工梓人職曰張五采之侯則遠國屬已下至
五正之侯也引之者破先鄭以此五正之侯爲虎熊豹但
梓人有三等侯云張皮侯而棲鵠及司裘云虎侯熊侯豹
侯皆大射之侯也梓人又云張五采之侯則遠國屬及此
五正之等皆賓射之侯也梓人又云張獸侯則王以息燕
及鄉射記云天子熊侯白質之等皆燕射之侯也三射各

有其侯而先鄭以皮侯釋正侯非也云正之言正也射者内志正則能中爲者此意取義於射義司裘注更有一釋正爲鳥名解之也云畫五正之侯中朱巳下皆以相尅爲次向南爲首故先畫朱知三正去玄黃二正朱緑者皆依聘禮記繅藉而言三采者朱白蒼二采者朱緑也云其外之廣皆居侯中參分之一者此亦約梓人云參分其廣而鵠居一焉彼據大射之侯若賓射之侯亦當參分其廣正居一焉九十步者侯中丈八尺七十步者侯中丈四尺五十步者侯中一丈也云今儒家云四尺曰正二尺曰鵠鵠乃用皮其大如正此説失之矣者賓射射正大射射鵠儒家以正鵠爲一解故鄭破之云鵠乃用皮其大如正不得爲一故云此説失之矣云大射禮豻作干者見大射經作干侯彼注亦破從豻云讀如宜豻宜獄之豻者此讀與彼音同云豻胡犬也者謂胡地之野犬云士與士射則以豻皮飾侯下大夫也大夫以上與賓射飾侯以雲氣知義如此者此賓射正用二采而言豻侯明於兩畔以豻皮飾之故

得豻侯之名知大夫已上用雲氣者鄉射記云凡畫者丹質注云賔射之侯燕射之侯皆畫雲氣於側以爲飾必先以丹采其地是賔射大夫已上皆畫雲氣其大射之侯兩旴飾以皮故鄭直言賔射燕射云用采各如其正者其側之飾采之數各如正之多少也云九節七節五節者奏樂以爲射節之差者九節者五節先以聽七節者二節先以聽五節者一節先以聽尊者先聽多卑者少爲差皆留四節以乘矢拾發云言節者容道之數者謂若九節者侯道九十弓七節者侯道七十弓五節者侯道五十弓也云樂記曰明乎其節之志不失其事則功成德行立者證侯遠近亦亦爲節也此射義文云樂記者誤也

若王大射則以貍步張三侯

注鄭司農云貍步謂一舉足爲一步於今爲半步玄謂貍善搏者也行則止而擬度焉其發必獲是以量侯道法之也侯道者各以弓爲度九節者九十弓七節者七十弓五節者五十弓弓之下制長六尺大射禮曰大侯九十參

七十千五十是也三侯者司裘所共虎侯熊侯豹侯也列
國之君大射亦張三侯數與天子同大侯熊侯也參讀爲
糝糝雜也雜者豹鵠而麋飾下天子大夫　釋曰此射人
主賓射㨂主大射之事故爲大射張侯也先鄭云貍步謂
一舉足爲一步於今爲半步者此言於射張侯義無取故
後鄭不從是以後鄭爲貍善搏物解之云侯道者各以弓
爲度九節者九十弓已下者案鄉射記鄉侯五十弓二寸
以爲侯中彼據鄉射之侯一侯五十弓者而言若大射三
侯云九十七十五十亦是據弓爲數弓之上制六尺六寸
中制六尺三寸下制六尺六尺與步相應故鄭連引大射
三侯以義相會諸侯三侯用物雖不與天子同侯道則同
但天子侯道無文約同諸侯故更引司裘天子三侯以會
之諸侯糝侯知豹鵠而麋飾者以司裘云諸侯熊侯豹侯
卿大夫麋侯畿外不得純如天子近侯已用豻則大侯不
得用虎侯明大侯用畿內諸侯熊侯爲之其中豹侯麋侯
則諸侯兼此二侯乃稱糝豹尊於麋明以豹麋爲鵠以麋

爲飾耳不純用豹麋者下天子大夫故也

王射則令去侯立于後以矢行告卒令取矢

注鄭司農云射人主令人去侯所而立于後也以矢行告射人主以矢行高下左右告于王也大射禮曰大射正立于公後以矢行告于公下曰留上曰揚左右曰方杜子春說以矢行告告白射事于王王則執矢也杜子春說不與禮經合疑非是也卒令取矢謂射卒射人令當取矢者使取矢也玄謂令去侯者命負侯者去侯也鄉射曰司馬命獲者執旌以負侯 釋曰先鄭云射人主令人去侯所者不辨其去侯之人故後鄭增成其義其負侯之人是服不氏也又引鄉射直云司馬命負侯不言官者大夫士家無服不氏家臣爲之故也天子射人無其事故引大射之等爲證也

祭侯則爲位

注祭侯獻服不服不以祭侯爲位爲服不受獻之位也大射曰服不侯西北三步北面拜受爵 釋曰案大射禮使服不氏負侯將

祭使之時先設位於侯西北北面服不氏於位受得獻與
訖乃於侯所北面祭侯故引大射受獻之位爲證也

大史數射中 注射中數射者中侯之筭也大射曰司射適階西釋弓去扑襲進由中東立于中南北面視筭 釋曰數筭大史數之射人但視之耳故引大射爲證大射諸侯禮謂之司射天子謂之射人司射恒執張弓搢扑但今將視數筭故適階西釋去弓并去扑倚於階西襲乃適中南北面視數筭也 **佐司馬治射正** 注射正射之法儀也 釋曰射之威儀乃是禮之正故名射儀爲射正也司馬所主射儀謂若命去侯命取矢乘矢之等皆當佐之言治者亦謂預習之類也 **祭祀則贊射牲相孤卿大夫之灋儀** 注烝嘗之禮有射豕者國語曰禘郊之事天子必自射其牲今立秋有貙劉云 釋曰鄭知烝嘗之禮有射豕者者據逸烝嘗者禮而知云國語曰禘郊之事天子必自射其牲者據祭天之

時牲則犢也若然宗廟之祭秋冬則射之春夏否也祭天則四時常射天尊故也是以司弓矢共王射牲之弓矢此射人贊射牲也諸侯已下則不射楚語云劉羊擊豕而已云今立秋有貙劉云者漢時苑中有貙貙即爾雅貙似貍劉殺也云立秋貙殺物引之者證烝嘗在秋有射牲順時氣之法

會同朝覲作大夫介凡有爵者 釋曰作使也有會同朝覲王使公卿有事於會同則射人使大夫為上介使凡有爵者命

注 作讀如作止爵之作諸侯來至王使公卿有事焉則作大夫使之介士以上為衆介也世有爵者命士以上不使賤者

釋曰鄭讀作如作止爵之作者讀從特牲少牢三獻作止爵案彼主人主婦二獻尸訖賓長為三獻尸爵止鄭注云欲神惠之均於室中使主人主婦致爵訖三獻則賓長也賓長作起前所止之爵使尸飲之讀從者取動作使之義也

大師令有爵者乘王之倅車

注倅車戎車之副　釋曰大師謂王出征伐王乘戎路副車十二乘皆從王行則使有爵者命士已上乘之知倅車戎車之副者戎僕云掌王倅車之政鄭云倅車之副也

有大賓客則作卿大夫從　注作者選使從王見諸侯　釋曰大賓客不言會同則是秋冬覲遇并春夏受享在廟之時從王見諸侯也

戒大史及大夫介　注戒戒其當行者覲禮曰諸公奉篋服加命書于其上升自西階東面大史氏右　釋曰此謂王有命使三公命諸侯及衣服就館賜之時則射人戒大史及大夫與諸公爲介注引覲禮者證王使諸公就館賜侯氏之法云大史氏右者謂於西階東面之時大史在公之右命侯氏也是以公羊傳曰命者何加我服錫者何賜也

大喪與僕人遷尸作卿大夫掌事比其廬不敬者苛罰之　釋曰作大夫掌事者謂王喪宜各有職掌

比其廬者謂若宮正所云親者貴僕人大僕也僕人與
者居廬當比其本服親疏及貴賤注射人俱掌王之朝位
也王崩小斂大斂遷尸于室堂朝之象也檀弓曰扶君卜
人師扶右射人扶左君薨以是舉苛謂詰問之　釋曰知
僕人大僕也者見大僕掌內朝射人掌正朝掌事是同周
禮又更無僕人職故知是大僕是以鄭云僕人與射人俱掌
王之朝位也云王崩小斂大斂遷尸於室堂者始死於北
墉下遷尸於南牖下又云小斂於戶內是遷尸於室小斂
訖遷尸於戶外又遷尸大斂大斂於阼階大斂訖又遷尸
於西階以入棺是遷尸于堂也云朝之象也者君所在臣
朝之故云朝之象也引檀弓者證射人與僕人君之
疾薨皆是二人之事彼鄭云卜當爲僕即僕人也

服不氏掌養猛獸而教擾之注猛獸虎豹熊羆之屬擾馴也教習
使之馴服王者之教無不服　釋曰猛獸云之屬者兼有
豺狼貔貅之等故云之屬教馴之象夫下皆服王者之教

無不服故也凡祭祀共猛獸注謂中膳羞者獸人冬獻狼春秋傳曰熊蹯不孰釋曰上云養猛獸則猛獸皆養之此言祭祀所共據堪食者故鄭云謂中膳羞中膳羞唯有熊狼故引獸人與春秋爲證案內則亦云狼臅膏可食也春秋傳者宣公二年晉靈公之時宰夫胹熊蹯不孰殺之趙盾諫之時也賓客之事則抗皮注鄭司農云謂賓客來朝聘布皮帛者服不氏主舉藏之抗讀爲亢其讎之亢玄謂抗者若聘禮曰有司二人舉皮以東釋曰朝聘布皮帛者案聘禮行享禮之時皮帛布於庭使服不氏舉皮以東抗即舉也故引爲證也讀爲亢其讎之亢者讀從僖二十八年城濮之戰子犯云背惠食言以亢其讎引之者取亢舉之義也後鄭引聘禮者增成先鄭義二人者即服不氏也射則贊張侯以旌居乏而待獲注贊佐也大射禮曰命量人巾車張三侯杜子春云待當爲持書亦或爲

持乏讀爲匱乏之乏持獲者所蔽玄謂待獲待射者中舉旌以獲　釋曰引大射者證服不氏佐量人巾車張侯之事後鄭云待獲待射者中舉旌以獲者以獲則大射禮唱獲者居乏之中中則舉旌以宫下旌以商者是也故不從子春待爲持也

射鳥氏掌射鳥　注鳥謂中膳羞者梟鳫鴞鴟之屬　釋曰知中膳羞者以上文猛獸有共祭祀此下文云祭祀歐烏鳶烏鳶不中膳羞則歐之此經直云射鳥明是中膳羞者也鄭知梟鳫鴞鴟者内則云舒梟翠鳫腎鵠鴞胖此等去翠腎胖是可膳羞者也云之屬者兼有雉鶉鷃之等也　祭祀以弓矢

歐烏鳶凡賓客會同軍旅亦如之　注烏鳶善鈔盜便汙人　釋曰賓客會同歐烏鳶者以其會同皆有盟詛之禮殺牲之事軍旅亦有斬牲巡陳之事故須歐烏鳶　射

則取矢矢在侯高則以并夾取之注鄭司農云王射則射鳥氏主取其矢矢在侯高者矢著侯高人手不能及則以并夾取之并夾鍼箭具夾讀爲甲故　司弓矢職曰大射燕射共弓矢并夾　釋曰射皆三番第一番唯有六耦三耦誘射雖中不獲第二第三皆衆耦共射皆釋獲有取矢之法先鄭引司弓矢職直有大射燕射不言賔射亦同大射燕射也

羅氏掌羅烏鳥注烏謂卑居鵲之屬　釋曰鄭知烏卑居者見小弁詩云弁彼鸒斯歸飛提提注云鸒卑居卑居雅烏云鵲者即山鵲卑居之類云之屬者兼有餘鳥也

蜡則作羅襦注作猶用也鄭司農云蜡謂十二月大祭萬物也郊特牲曰天子大蜡謂歲十二月合聚萬物而索饗之襦細密之羅襦讀爲繻有衣袽之繻玄謂蜡建亥之月此時火伏蟄者畢矣豺既祭獸可以羅罔圍取禽也王制曰豺祭

獸然後田又曰昆蟲已蟄可以火田今俗放火張羅其遺
教　釋曰先鄭所云其義得矣後鄭增成之言蜡者直取
當蜡之月得用細密之罔羅取禽獸故後鄭云此時火伏
十月之時火星已伏在戌將蟄者畢矣引王制者證十月
蜡祭後得火田有張羅之事云今俗放火張羅其遺教者
漢之俗閒在上放火於下張羅承之以取禽獸是周禮之
遺教則知周時亦上放火下張羅也　中春羅春鳥獻鳩以養國老
行羽物　注春鳥蟄而始出者若今南郡黃雀之屬是時
鷹化爲鳩鳩與春鳥變舊爲新宜以養老助生
氣行謂賦賜　釋曰此文仲春行羽物案司裘職云仲秋
獻良裘王乃行羽物彼注云仲秋鳩化爲鷹仲春鷹化爲
鳩順其始殺與其將止而大班羽物若然則一年二時行
羽物但彼注云此羽物小鳥鶉雀之屬鷹所擊者此注云
春鳥若今南郡黃雀之屬不
同者各舉一邊互見其義

掌畜掌養鳥而阜蕃教擾之注阜猶盛也蕃蕃息也鳥之可養使盛大蕃息者謂鵞鶩之屬 釋曰云鳥之可養使盛大蕃息者謂鵞鶩之屬者鵞鶩即今之鴨民間所畜故云焉祭祀共卵鳥注其卵可薦之鳥 釋曰還謂上經鵞鴨之屬其雞亦在焉歲時貢鳥物注鶉鳫之屬以四時來 釋曰不言鵞鶩雞者所畜非貢物故以野鳥為貢者也共膳獻之鳥注雉及鶉鴽之屬 釋曰此言堪膳而獻者唯有此等是以內則及公食大夫上大夫二十豆有雉兔鶉鴽云之屬者更有餘鳥也

夏官司馬下

司士掌羣臣之版以治其政令歲登下其損

益之數辨其年歲與其貴賤周知邦國都家縣鄙之數卿大夫士庶子之數釋曰云掌羣臣之版者謂畿內朝廷及鄉遂都鄙羣臣之籍云以治其政令者即損益之數辨其年歲貴賤之等是也云歲登下其損益之數者三年黜陟者是也云辨其年歲者知羣臣在任及年齒多少也云與其貴賤者大夫巳上貴上巳下賤也云周知邦國都家者邦國謂周之千七百七十三國也都家謂天子畿內三等采地大都家邑是也先邦國後都家者尊諸侯故也亦如大宰云布治于邦國都鄙亦先邦國也縣鄙者謂去王國百里外六遂之中也不言其鄉者舉遠以包近云卿大夫士者即謂朝廷及邦國都家縣鄙之臣數摠言之也云士庶子者亦如宫伯卿大夫之子謂適子庶子其支庶宿衛王宫者也云之數者邦國巳下摠結之也注損益謂用功過黜陟者縣鄙鄉遂之屬故書版爲班鄭司農云班書或爲版版名籍　釋曰云損益謂用功過黜陟者即

三年大比以功過黜陟者也云縣鄙鄉遂之屬者縣鄙
屬遂故云之屬其中兼鄉中之州黨故鄉遂並言也以

詔王治注告王所當進退釋曰知詔王治是告王所
當進退者司士掌羣臣之數只爲賞罰進退以
勗勵之故知告王
治唯謂進退之也以德詔爵以功詔祿以能詔事
以久奠食釋曰云以德詔爵以功詔祿者據賢者試功
之後其德堪用乃詔王授之以正爵有功乃
詔王授之以正祿也云以能詔事以久奠食者奠定也據
能者先試之以事事成乃定以稍食其能堪用乃後亦詔
授之以注德謂賢者食稍食也賢者既爵乃祿之能者享
正爵祿成乃食之王制曰司馬辨論官材論進士之賢
者以告於王而定其論論定然後官之任官然後爵之位
定然後祿之釋曰云德謂賢者者即大司徒云以鄉三
物教萬民而賓興之三物謂六德六行六藝有六德六行
即爲賢者有六藝即爲能者鄉大夫云三年則大比而興

賢者能者鄭云賢者者有德行者能者有道藝者云食稍食也者月給食不併給故云稍食也云賢者既爵乃祿之者以經先云以德詔爵後云詔祿也云能者事成乃食之者以經先云詔事久乃定之以食也此二者互見其事自古以來任之者皆試乃爵之則賢者有先試之以事乃後詔爵能者既試有功亦授之以爵所以賢者先言正爵能者先言試事者欲見尊敬賢者故先言正爵卑退能者先言試事故鄭云賢者既爵乃祿之能者事成乃食之也引王制者欲見能者須試乃授正爵之義云辨論官材者司馬使司士分辨其論官其材之法云論進士之賢者以告於王而定其論者云進士者謂學中之造士業成可進受官爵升之於司馬則曰進士司馬乃試論量考知賢者告王乃定其論云論定然後官之者謂試官也云任官然後爵之者謂正爵也云位定然後祿之者謂正祿也此即先試乃爵之事也

唯賜無常注賜多少由王不如祿食有常品

釋曰案司勳云凡賞無常輕重視

功彼謂有勲勞讚功大小與之賞此不據功但時王有恩而賜之故多少由王不由功大小也云不如禄食有常品者案王制下士視上農夫食九人中士倍下士上士倍中士大夫倍上士之等是禄有常品上云以久奠食稍食亦月月有常品也

正朝儀之位辨其貴賤之等王南鄉三公北面東上孤東面北上卿大夫西面北上王族故士虎士在路門之右南面東上大僕大右大僕從者在路門之左南面西上

釋曰經所云上者皆據近王為上不據陰陽左右也

注此王日視朝事於路門外之位王族故士故為士晚退留宿衛者未嘗仕雖同族不得在王宮大右司右也大僕從者小臣祭僕御僕隸僕

釋曰云此王日視朝事於

路門外之位者對彼大僕職路寢庭有燕朝朝士職庫門外有外朝而言也但彼外朝斷獄弊訟弁三詢之朝有諸侯在焉諸侯既在西方右九棘之下孤避之在東方羣臣之位西面也其餘三公卿大夫等仍與此位同也云王族故士故爲士者此云故爲士對新升試士未得正爵者爲新士不得留宿衛也云晚退留宿衛者宿衛之人皆不得與凡平羣臣同時出故云晚退留宿衛必知此故士是宿衛者以其與虎士同位明是宿衛者也玄未常仕雖同族不得在王宫者以經稱王故故士明非仕者不得在王官也知大右是司右者案司右掌羣右此云大右是右中之大明是司右也知大僕從是小臣祭僕之等者以其云大僕從者謂從大僕案大僕職下即有小臣祭僕御僕隸僕等皆是小臣已下者也

司士擯注詔王出揖公卿大夫以下朝者

釋曰知擯是詔王出揖公卿大夫以下朝者以其王迎諸侯爲擯是大宗伯及小行人肆師之等非司士之職此上文云公卿大夫士等朝事下文云

王揖此中閒云司士擯明爲詔王出揖之事也孤卿特揖大夫以其等旅揖士旁三揖王還揖門左揖門右注特揖一揖之旅衆也大夫爵同者衆揖之公及孤卿大夫始入門右皆北面東上王揖之乃就位羣士及故士大僕之屬發在其位羣士位東面王西南鄉而揖之三揖者士有上中下王揖之皆逡遁既復位鄭司農云卿大夫士皆君之所揖禮春秋傳所謂三揖在下 釋曰此皆先入應門右北面其士入應門即就西方東面位不待王揖其大夫已上皆待王揖乃就位也云特揖一一揖之者對旅揖衆揖之也孤得揖乃就西方東面位卿得揖乃就東方西面位大夫得揖乃就卿後西面位云大夫爵同者衆揖之者序官有中大夫下大夫無問多少但爵同者衆揖之爵同中大夫同得一揖爵同下大夫同得一揖故云爵同者衆揖之也云公及孤卿大夫始入門右皆北面東上者此王臣無正文約

燕禮大射諸侯禮卿大夫皆始入門右北面東上得揖乃就位士發在其位故知王臣亦然是以鄭云王揖之乃就位羣士及故士大僕之屬發在其位若在外朝士從東方西面也云羣士位東面王西南鄉而揖之者但上經不見羣士位鄭知羣士位東面者亦約燕禮大射諸侯之士西廂東面而知且約故士虎士宿衛者門西南面明士不宿衛者東面可知位既東面明知旁三揖者西南鄉揖之云三揖者上有上中下者序官文既有三等故旁三揖耳案禮器有以少爲貴者諸侯視朝大夫特士旅之此云大夫旅與彼不同者彼諸侯臣少大夫與卿同特揖士乃旅揖之此天子臣多故大夫亦旅揖亦是以少爲貴也云王揖之皆逡遁者約鄉黨而知云既復位者謂得揖乃皆復位也若然上文別三公位及此經不言三公直言孤卿者亦舉輕以明重孤卿尚特揖明三公亦特揖可知故不見三公也先鄭引春秋者哀二年左氏傳初衛侯遊於郊子南僕公曰余無子將立女不對他日又謂之對曰郢不足以

奪社稷君其改圖君夫人在堂三揖在一下君命祇
辱注云三揖卿大夫士引之者證所揖尊卑不同 大僕
前 注前正王視朝之位 釋曰鄭知前謂前正王視朝之
位者以大僕職云王視朝則前正位而退入亦如之上
文引大僕位在門左南面今云前明
從本位前就王正視朝之位可知也 王入內朝皆退
注王入入路門也王入路門內朝朝者皆退反其官府治處
也王之外朝則朝士掌焉玉藻曰朝服以日視朝於內朝
朝辨色始入君日出而視之退適路寢聽政使人視大夫
大夫退然後適小寢謂諸侯也王日視朝皮弁服其大則
同 釋曰王視朝訖王入路門於路寢聽事其羣臣等各
退向治事之處云王之外朝則朝士掌焉者鄭欲見天子
諸侯皆有三朝之意玉藻諸侯禮云朝于內朝者謂路門
外朝爲內朝對皐門內應門外朝爲外朝通路寢庭朝爲
二朝故朝士職注云周天子諸侯皆三朝外朝一內朝二
也云王日視朝皮弁服者司服職文對諸侯視朝朝服則

玄冠緇布衣素裳緇帶素韠也云其禮則同
者天子諸侯唯服別其視朝之禮則同也 掌國中
之士治凡其戒令 注國中城中 釋曰云國中之士治
者謂朝庭之臣及六鄉之臣皆是所
有治功善惡皆掌之以擬黜陟此城中士則卿大夫揔皆
號爲士若濟濟多士文王以寧之類但此同士士既揔屬
則此一職 士者皆臣揔號唯有作士適四方使爲介士
者是單士不兼卿大夫故引不尚證又作六軍之士是甲
士自餘皆臣 掌擯士者膳其摯 注擯士告見初
之揔號耳 爲士者於王也
鄭司農云膳其摯者王食其所執羔鴈之摯玄謂膳者入
於王之膳人 釋曰此云士亦是卿大夫士揔號爲士云
擯士告 見初爲士者於王也者謂初得命爲卿大夫士執摯
見於王 司士擯相之使得見王也先鄭云膳其摯者王食
其所執 羔鴈之摯後鄭增成其義也云膳者入於王之膳
人故其職云凡祭祀致福受而膳之以摯見者亦知之日是

也凡祭祀掌士之戒令詔相其灋事及賜

爵呼昭穆而進之釋曰云凡祭祀掌士之戒令者謂羣臣有事於祭祀皆掌其齊戒告

令也云詔相其法事者謂告語并擯相其行禮之事云及

賜爵者謂祭末旅酬無筭爵之時皆有酒爵賜及之皆以

昭穆爲序也注曰凡賜爵昭爲一穆爲一昭與昭齒穆與穆齒

昭穆爲王賜爵神惠及下也此所賜王之子姓兄弟祭統

凡羣有司皆以齒此之謂長幼有序釋曰鄭知賜爵神

惠及下者祭統云祭有十倫之義凡賜爵昭爲一穆爲一

是神惠及下也云此所賜王之子姓兄弟者以其呼昭穆

而進之云昭穆明非異姓是同姓可知姓生也子之所生

則孫及兄弟皆有昭穆引祭統是諸侯法明天子亦然凡

言昭穆在助祭之中者皆在東階之前南陳假令祖行爲

昭子行爲穆孫行還爲昭曾孫行還爲穆就昭

穆之中皆年長者在上年幼者在下故云齒也帥其屬

而割牲羞俎豆釋曰此割牲兼羞俎豆不言祭祀享食之事則凡有割牲及進俎豆者皆爲之

注割牲制體也羞進也　釋曰言割牲制體也者若據祭祀則禮運云腥其俎孰其殽體其犬豕牛羊之類鄭彼注云腥其俎謂豚解而腥之爲七體是也孰其殽謂體解而爓之爲二十一體是也體其犬豕牛羊鄭云謂分別骨肉之貴賤以爲衆俎也更破使多熟而薦之若據饗則左氏傳云王饗有體薦燕有折俎是也　凡會同

作士從賓客亦如之　注作士從謂可使從於王者　釋曰云作士從者謂選可使從於王者此士亦謂卿大夫皆是也　作士適四方使爲介　注士使謂自以王命使也介大夫之介也春秋傳曰天王使石尚來歸脤　釋曰云士使謂自以王命使也者此即行夫職云美惡而無禮者即有使士特使法即使士與行夫等共行是以引石尚之事爲證云介大夫之介也者謂聘禮大夫爲次介其餘皆士介天子

使大夫下聘諸侯亦使士爲介若使卿大夫則射人作之
故射人云有大賓客作卿大夫從注云作者使從王見諸
侯彼雖不云會同明會同亦與賓客同可知也春秋者左
氏公羊皆有其事故公羊云石尚者何天子之士也注云
天子上士以**大喪作士掌事**注事謂奠斂之屬 釋曰
石氏通是也 始死則有奠及至小斂大
斂朝夕朔月月半薦新遷廟祖奠大遣奠等皆是未葬已
前無尸不忍異於生皆稱奠其葬後反日中而虞有尸即謂
之爲祭此經直云事不云祭祀明據奠斂之屬也**作六軍之士執披**注作謂使之也披柩
車行所以披持棺者有紐以結之謂之戴鄭司農云披者
扶持棺險者也天子旁十二諸侯旁八大夫六士四立謂
結披必當棺束於束繫紐天子諸侯載柩三束大夫士二
束喪大記曰君纁披六大夫披四前纁後玄士二披用纁
人君禮文欲其數多圍數兩旁言六耳其實旁三 釋曰
云六軍之士者即六鄉之民以其鄉出一軍六鄉故名六

軍之士也但鄭以天子千人而云六軍者以天子千人出
自六軍故號六軍之士非謂執披有七萬五千人也云披
柩車行所以披持棺者柩車則蜃車云披者車兩旁使人
持之若四馬六轡然故名持棺者爲披也云有紐以結之
謂之戴者喪大記云纁戴者是也先鄭云披者扶持棺險
者先鄭意蜃車行恐逢道險者有傾覆故云扶持棺險也
不從玄謂結披必當棺束於束繫紐者謂蜃車兩旁皆有
云天子旁十二諸侯旁八大夫六士四者無所依據後鄭
二束彼喪大記不言天子此言者欲見天子無文約與諸
柳材其棺皆以物束之故云天子諸侯載柩三束大夫士
侯同也謂之戴者彼大記注云戴之言值也所以連繫棺
束與柳材使相值因而結前後披也披結於紐故引喪大
記君纁披六已下其蜃車柳材與中央棺束數等人君三
大夫士二大記云君纁披六大夫四披者皆是禮文故圜
數兩傍言六言四也古禮小無文故擾一旁而言二君然
然大夫亦圜數兩旁言四直云人君者擾尊者言也

士之有守者令哭無去守注守官不可空也釋曰此文丞大喪之下令哭無去守則大夫士有使役守當雖同爲夫子斬衰不可廢事空官故令哭不得去守也國有故則致士而頒其守注故非喪則兵災釋曰知非喪者以上文已言大喪明此是兵災非喪也凡邦國三歲則稽士任而進退其爵禄注任其所掌治釋曰此言稽士任文承邦國即是邦國之卿大夫士揔曰士也據其所任治而進退其爵禄但諸侯之臣進退應是諸侯當國爲之今於天子司士而言者但司士作法與之使諸侯自黜陟耳非謂司士自黜陟也

諸子掌國子之倅掌其戒令與其教治辨其等正其位釋曰云掌國子之倅者倅謂副代父則國子爲副代父者也注故書倅爲

卒鄭司農云卒讀如物有副倅之倅國子謂諸侯卿大夫
士之子也燕義曰古者周天子之官有庶子官與周官諸
子職同文玄謂四民之業而士者亦世焉國子者是公卿
大夫士之副貳戒令致於大子之事敎治脩德學道也位
朝位　釋曰先鄭云國子謂諸侯卿大夫士之子也者王
制云王大子王子羣后之大子卿大夫元士之適子皆造
焉則王大子王子亦曰國子不言者彼不據諸子職而言
故令有王大子王子亦以四術成之故文王世子成王猶
在學學君臣父子長幼之禮也此據諸子主國子致與大
子使用故不得通王大子王子也引燕義云古者周天子
之官有庶子官與周官諸子職同文者彼燕義本釋燕禮
之事但燕禮有庶子執燭及獻庶子之文更不見餘義故
記人欲釋燕禮庶子之義故取天子諸子職解庶子諸庶
俱訓爲衆天子之諸子諸侯之庶子皆掌卿大夫士之適
子適子衆多故云諸或言庶諸庶通名故天子諸子爲庶
子也玄謂四民之業而士者亦世焉者此齊語桓公謂管

仲曰成民之事若何管仲對曰民無使雜處公曰處士農工商若何管仲曰昔者聖王之處士就閑燕處就工官府處商就市井處農就田野少而習焉其心安焉桓公曰士之子恒爲士農之子恒爲農工之子恒爲工商之子恒爲商是四民之業爲世也引之者見士之子亦入倅色也案王制大夫不世今亦有倅入世者以大夫有功德亦得世故詩云凡周之士不顯亦世也云國子者是公卿大夫士之副貳者增成先鄭義云戒令致於大子之事者即下文是也云教治脩德學道也者云教故知修德學道也經云辨其等謂才藝高下等級也國子所學道德即師氏職三德三行并保氏六藝者是也云位朝位著謂朝大子時依父蔭高下爲列也　國有大事則帥國子而致於大子唯所用之若有兵甲之事則授之車甲合其卒伍置其有司以軍灋治

之司馬弗正 釋曰云大事下有兵甲之事則此大事謂祭祀也故左氏傳云國之大事在祀與戎此經二事當之也 注軍法百人爲卒五人爲伍弗不也國子屬大子司馬雖有軍事不賦之 釋曰軍法從五人爲伍至萬二千五百人爲軍有六節今注直云百人與五人略舉之耳云不賦之解經正爲賦稅謂不與田税泉稅者也 **凡國正弗及** 釋曰上文云弗正謂兵賦此云國正謂鄉遂之中所有旬徒力征之等並不及也 **大祭祀正六牲之體** 注正謂杜載之 釋曰案特牲少牢移鼎入陳即有一人鼎中上出牲體一人在鼎西北面載之於俎既言正六牲之體明是此二事也 **凡樂事正舞位授舞器** 注位佾處 釋曰云凡樂事者則諸作樂有舞之處皆使正舞人八八六十四人之位非授舞者之器文舞則授羽籥武舞授干鏚之等云位佾處者即謂天子八佾諸公六佾諸侯四佾之等也 **大喪**

正羣子之服位會同賓客作羣子從注從於王釋曰云大喪正羣子之服位者位謂在殯宮外内哭位也正其服者公卿大夫之子爲王斬衰與父同故雜記大夫之子得行大夫禮故也云會同賓客作羣子從者作使也使國子從王也凡國之政事國子存遊倅使之脩德學道春合諸學秋合諸射以攷其藝而進退之釋曰云凡國之政事者謂國内有繇役之事皆是也云國子存遊倅使之脩德學道者謂國有事時此國子存遊暇無事之倅中使脩德學道二事也云春合諸學者謂於大學之中使之學也云秋合諸射者使在射宮習射也云以考其藝者考校才藝長短云而進退之者才藝長進與官爵才藝短者退之使更服膺受業也注遊倅倅之未仕者學大學也射射官也王制曰春秋教以禮樂

冬夏教以詩書王大子王子羣后之大子卿大夫元士之
適子國之俊選皆造焉　釋曰倅是副代已是本在仕復
云游游是游暇亦是未仕之稱云學大學也者周禮若言
異代之學則舉其學名即成均瞽宗之類今此直言學明
是周之大學也周禮文大學在國中即夏后氏東序在王
言之左也云射射宮也者射義云已射於澤然後射於射
宮射宮即國之小學在西郊則虞庠是也王制曰春秋教
以禮樂冬夏教以詩書者案彼鄭注云春夏陽也詩樂者
聲聲亦陽也秋冬陰也書禮者事事亦陰也因時順氣於
功易成也云王大子王子羣后之大子卿大夫元士之適
子國之俊選皆造焉者若王之子得適庶俱在學若羣后
畿內諸侯已下則庶子賤不得在學故皆云適子也引之
者證貴賤皆
在教科也

司右掌羣右之政令　注羣右戎右齊右道右　釋曰
知司右主此三右者案下文云

車有五等右唯三故下注云齊右兼玉路之右戎右兼田右等也凡軍旅會同合其車之卒伍而比其乘屬其右注合比屬謂次第相安習也車亦有卒伍

釋曰右軍旅據征伐會同謂時見曰會殷見曰同三者皆合車之卒伍云合比屬謂次第相安習也者皆謂敎習使安隱也云車亦有卒伍者案宣十二年傳云其君之戎分爲二廣廣有一卒卒偏之兩司馬法曰二十五乘爲偏又云以百二十五乘爲伍注伍重故百二十五乘是其車之卒伍也

凡國之勇力之士能用五兵者屬焉掌其政令注勇力之士屬焉者選右當於中司馬法曰弓矢圍殳矛守戈戟助凡五兵長以衛短短以救長

釋曰云勇力之士屬焉者選右當於中者但車右須得勇力之士若選右不於中何因屬司右故鄭爲此釋也引司馬法曰弓矢圍者圍城時也殳矛守者守城時也戈戟助者謂

圍守皆用戈戟助之云凡五兵長以衛短短以救長者圍
者以弓矢爲長戈戟爲短守者亦以戈戟爲短以殳矛爲
長故云長以衛短短以救長使力相得也此五兵據勇
力之士所用下注車之五兵則無弓矢而有夷矛是也

周禮疏卷第三十六

周禮疏卷第三十七

唐朝散大夫行太學博士弘文館學士賈公彥等撰

虎賁氏掌先後王而趨以卒伍 注王出將虎賁士居前後雖羣行亦有局分 釋曰鄭云王出將虎賁士居前後雖羣行亦有局分者以經云卒伍則是五人爲伍百人爲卒又案序官云虎賁氏下大夫二人中士十有二人府二人史八人胥八十人虎士八百人是其雖羣行亦有局分置卒伍是也

軍旅會同亦如之舍則守王閑 注舍王出所止宿處閑梐枑 釋曰鄭云舍王出所止宿處者案掌舍云掌王之會同之舍則設梐枑再重杜子春以爲行馬後鄭云行馬再重者以周衞有外內列校人職養馬曰閑是其閑與梐枑皆禁衞之物故以閑爲梐枑釋之也 **王在國則**

守王宮注爲周衛　釋曰在外守王闈爲周衛明在國亦爲周衛也國有大故則
守王門大喪亦如之注非常之難要在門　釋曰大故謂兵災大喪謂王喪二者皆是非常之難須警備故云要在門也及葬從遣車而哭注遣車王之魂魄所馮依　釋
曰遣車者將葬盛所苞奠遣送者之車其車內既皆有牲
體故云王之魂魄所馮依遣車多少之數天子無文案雜
記云遣車視牢具鄭注云多少各如所苞遣奠牲體之數
案檀弓云國君七个遣車七乘大夫五个遣車五乘鄭云
諸侯不以命數喪數略也士無遣車大夫五乘諸侯七乘
天子宜九乘故鄭注雜記云天子大牢苞九个遣車九乘
苞肉皆取大遣奠之牲體天子大牢外更用馬牲皆前脛
折取臂臑後脛折取骼苞肉各九个皆細分其體以充數
也適四方使則從士大夫注虎士從使者　釋曰天子有下聘諸侯法大行人所云

歲徧問之等時則使虎賁從行也若道路不通有徵事則奉書以使於四方注下通逢兵寇若泥水奉書徵師役也春秋隱七年冬戎伐凡伯于楚丘以歸　釋曰云奉書徵師役也者若兵寇則徵師若泥水則徵役引春秋者案左氏傳云初戎往朝周周大夫皆發禮禮戎唯凡伯不禮焉後凡伯至魯戎則要而伐之故云戎伐凡伯於楚丘以歸是其事也

旅賁氏掌執戈盾夾王車而趨左八人右八人車止則持輪注夾王車者其下士也下士十有六人中士爲之帥焉　釋曰知夾王車是下士十六人者見序官云旅賁氏中士二人下士十有六人此經左右十六人故知是旅賁氏之下士也中士是官首明爲之帥也凡祭祀會同賓客則服而趨注服而趨夾王車趨也會

同賓客王亦齊服服衮冕則此士之齊服服玄端　釋曰知服而趨是夾王車者約上文夾王車而趨故知也云會同賓客王亦齊服服衮冕者見下文節服氏云掌祭祀朝覲衮冕鄭云從王服朝覲服衮冕則會同賓客亦服衮冕故覲禮天子衮冕負黼扆是也云則此士之齊服服玄端者若士助祭服爵弁此爲會同故齊服服玄端　喪紀則衰葛執戈盾　注葛葛經武士尚輕　釋曰臣爲王貴賤皆斬衰斬衰麻經至葬乃服葛今王始死即服葛故云武士尚輕　軍旅則介而趨　注介被甲　釋曰在軍爲甲士著甲餘有不服甲但此旅賁勇士衛王故被甲而趨也

節服氏掌祭祀朝覲衮冕六人維王之大常　注服衮冕者從王服也維維之以縷王旌十二旒兩兩以縷綴連旁三人持之禮天子旌曳地鄭司農云維持之

釋曰云服衮冕者從王服也者以其節服氏者丗能節王之衣服明節服所服與王同故云從王服也云維維之以縷者以其言維維是連綴之名故知用縷連綴之也云王旌十二旒者巾車云玉路建大常十有二旒經云六人維之明一畔有三人三人維六旒故知兩兩以縷連旁三人持之云禮天子旌曳地者禮緯文引之者若不遣維持之則旒曳地故也

諸侯則四人其服亦如之

釋曰依禮緯含文嘉云天子旌九仞十二旒曳地諸侯七仞九旒齊軫大夫五刃五旒齊較士三仞三旒齊首彼或異代法故旒不依命數周之諸侯之旌皆交龍爲之上公九旒侯伯則七旒子男則五旒今摠云四人則不得兩兩維之但一畔有二人分而維之見威儀耳云其服亦如之者節服氏之服亦與諸侯同諸侯唯二王後與魯得祭天服衮冕其餘諸侯唯得祭宗廟服玄冕節服氏皆與君同服故云其服亦如之

郊祀裘冕二人執戈送逆

尸從車注袞冕者亦從尸服也袞大裘也凡尸服卒者之上服從車從尸車送逆之往來春秋傳曰晉祀夏郊董伯爲尸　釋曰尸服與王同大裘節服氏亦大裘故二人皆袞冕執戈送逆尸云從車者送逆皆從尸車後云凡尸服卒者之上服者案士虞記云尸服卒者之上服云上服如特牲士玄端也不以爵弁服爲上者祭於君之服非所以自配鬼神彼據臣卒者上服以家祭上服不得周助祭服此據王自然用卒者家祭上服服大裘也引春秋傳者是外傳晉語文

方相氏掌蒙熊皮黄金四目玄衣朱裳執戈揚盾帥百隸而時難以索室敺疫注蒙冒也冒熊皮者以驚敺疫癘之鬼如今魌頭也時難四時作方相氏以難卻凶惡也月令季冬命國難索廋也　釋曰云時難四時

者案月令唯有三時儺是以月令季春云命國儺以季春日歷大梁有大陵積尸之氣與民爲厲命有國者儺仲秋云天子乃儺時升建酉亦有大陵積尸之氣此月儺陽氣陽氣至此不止害將及人唯天子得儺諸侯亦不得季冬云乃命有司大儺言大則及民庶亦儺唯有此三時儺鄭云四時者雖三時亦得云四時揔言之也若然此經所儺據十二月大儺而言是以鄭引季冬爲證也鄉黨鄉人儺郊特牲云鄉人裼亦皆據十二月民庶得儺而言也

大喪先匶注葬使之道　釋曰喪所多有凶邪故使之導也及墓入壙以戈擊四隅敺方良注壙穿地中也方良罔兩也天子之椁柏黃腸爲裏而表以石焉國語曰木石之怪夔罔兩　釋曰必破方良爲罔兩者入壙無取於方良之義故也云天子之椁柏黃腸爲裏而表以石焉者欲見有罔兩之義故引漢法爲證又檀弓云天子柏椁以端長六尺言椁柏則亦取柏之心黃腸爲椁之裏故漢

依而用之而表之以石古雖無言漢亦依古而來蓋周時亦表以石故有罔兩也云國語者案國語水之怪龍罔象土之怪夔罔兩則知方良當爲罔兩也

大僕掌正王之服位出入王之大命 注服王舉動所當衣也位立處也出大命王之教也入大命羣臣所奏行 釋曰云服王舉動所當衣也者謂王吉服有九隨事舉動而衣大僕親近王所之官故王之衣服及位處恐其不正故皆正之也云位立處也者王之起居無常或起居行事之時多以立爲正故以立處言之也云出大命王之教也者一日萬機有其出者皆是王之教也云入大命羣臣奏行者謂羣臣奉行王命報奏者皆是也

掌諸侯之復逆 注鄭司農云復謂奏事也逆謂受下奏 釋曰案宰夫職云諸臣之復萬民之逆先鄭云復請也逆迎受王命者玄謂復之言報也反也反報於王謂朝廷奏

事自下而上曰逆逆謂上書先鄭彼注與此不同者先鄭
兩解故彼後鄭不從至此注先鄭於義是故後鄭從之此
説先鄭云復謂奏事即彼後鄭云復謂朝廷奏事一也此
先鄭云逆謂受下奏即彼後鄭云自下而上曰逆謂上書亦
一也王眡朝則前正位而退入亦如之注前正位而退道王王既立退
居路門左待朝畢　釋曰云前正位而退道王王既立退
居路門之左待朝畢者此即上司士所云大僕前亦一也
大僕本位在路門之左今進前正位訖還退在本位故云
退居路門左也云待朝畢者欲入亦如之王退入路寢聽
事時亦前正王位却位立也建路鼓于大寢之門外而掌其
政注大寢路寢也其門外則內朝之中如今宮殿端門下矣政鼓節與早晏　釋曰此鼓所用或擊之以聲早晏
或有窮遽者擊之以聲寃枉也故建之於正朝之所也云
大寢路寢也者欲見在路寢門外正朝之處云其門外則

內朝之中者案玉藻云視朝於內朝羣臣辨色始入彼諸侯禮天子亦然若據文王世子亦得謂之外朝故文王世子云其朝於公內朝臣有貴者以齒其在外朝則以官彼以路門外爲外朝者對路寢庭朝爲外朝其實彼外朝亦內朝耳以其天子諸侯皆內朝二外朝一既以三槐九棘朝爲外朝一明此內二者皆內朝也

以待達窮者與遽令聞鼓聲則速逆御僕與御庶子

釋曰云以待者大僕在王所恒於路寢之中若有窮者及遽令二者來擊此鼓其御僕御庶子直在鼓所者則入告大僕大僕迎此二官以所告之事白王故云聞鼓聲則速逆御庶子也

注鄭司農云窮謂窮寃失職則來擊此鼓以達於王若今時上變事擊鼓矣遽傳也若今時驛馬軍書當急聞者亦擊此鼓令聞此鼓擊則速逆御僕與御庶子也大僕主令此二官使速逆窮遽者玄謂達窮者謂司寇之屬朝士掌以肺石達窮民聽其辭

以告於王遽令郵驛上下程品御僕御庶子直事鼓所者大僕聞鼓聲則速逆此二官當受其事以聞　釋曰先鄭以令字下讀爲句云大僕主令此二官使速逆窮遽二者後鄭不從者若使御僕御庶子迎窮與遽則二官自白王不告于大僕事何得在大僕職乎者以是故後鄭以爲大僕聽其辭自白王後鄭以達窮是朝士者以其朝士職有在肺石達窮民窮民先在肺石朝士達之乃得擊鼓故本之也知御僕御庶子直事鼓所者見御僕云以序守路鼓云御庶子者葢以御僕有下士十二人分之爲御庶子揔名曰御僕也

祭祀賓客喪紀正王之服位詔灋儀贊王牲事　注詔告也牲事殺割匕載之屬　釋曰經三事皆有法度威儀故須大僕告之云牲事殺割者言殺據祭祀之時王親自射牲故司弓矢云共王射牲之弓矢注云射牲示親殺殺牲非尊者所親唯射爲可殺時大僕及射人大宰等皆贊之國語云禘郊之事

天子必親自射牲彼據祭天司弓矢云凡祭祀言凡語廣
則祭社稷宗廟亦射牲也知有割牲者郊特牲云君肉袒
親割敬也注云割解牲體禮器云君親割牲夫人薦酒注
云親割謂進牲孰體時祭統亦云君執鸞刀羞嚌彼據諸
侯明天子亦然云〻載者案易震卦彖云震驚百里不喪
匕鬯注云雷發聲百里者諸侯之象人君於祭祀之禮〻
牲薦鬯而已其餘不親彼諸侯親上明天子亦然是以大
僕得有贊牲之事少牢不親〻下人君故也特牲親〻者
士卑不嫌也

王出入則自左馭而前驅 注前驅如今道引也道而居左自驅不參乘辟王也亦有車右焉 釋曰云王出入者謂朝覲會同并凡祭祀巡狩征伐皆是大僕則在車左不敢使人馭自馭而前驅也若使人馭馭在中央身無事居左大尊故自馭也知亦有車右者以車右恐車傾覆備非常雖無尊者亦宜有車右勇力者也

凡軍旅田役贊王鼓 釋曰軍旅謂征伐田役謂田獵

王皆親鼓故注注王通鼓佐擊其餘面　釋曰云王通鼓
大僕贊之　者謂王親將軍衆待王擊乃擊之謂若鼓
人云金鐸通鼓之類也云佐擊其餘面者案大司馬云王
執路鼓路鼓四面鼓將居鼓下則前面不得擊之唯有三
面今之此大僕佐擊一面戎右亦云贊王鼓則亦擊一面
通王自擊一面是三面也若然王與御者并戎右已有三
人今更有大僕則駟乘案文十一年侯叔夏御莊叔緜房
甥爲右富父終生駟乘彼注云駟乘四人共車與此同也
救日月亦如之注日月食時春秋傳曰非日月之眚不
鼓　釋曰云亦如之者大僕亦贊王鼓
佐擊其餘面但月食陰侵陽當與鼓神祀同用雷鼓也若
然月食當用靈鼓但春秋記日食不記月者以日食陰侵
陽象臣侵君非常故記之月食陽侵陰象君侵臣故不記
此云救日月食明亦擊鼓救可知云春秋者左氏莊二十
五年日有食之鼓用牲於社彼傳鼓與牲並譏之以彼傳
云唯正月之朔慝未作日月之食於是乎用幣于社伐鼓

于朝若然唯四月正陽之月乃擊鼓彼四月不合擊鼓之
月天災有幣無牲故亦譏之也彼傳又云秋大水鼓用牲
于門亦非常傳曰非日月之眚不鼓若然此言為秋大水
擊鼓而故引之者欲見日月食時皆合擊鼓與此文同也

大喪始崩戒鼓傳達于四方窆亦如之注戒鼓擊鼓以
警衆也故書戒為駭鄭司農云窆謂葬下棺也春秋傳所
謂日中而傰禮記謂之封皆葬下棺也音相似窆讀如慶
封氾祭之氾　釋曰言大喪謂王喪始崩云戒鼓謂擊鼓
以警戒警戒衆人傳達于四方謂以鼓聲相傳聞達四方
窆葬之時亦如始崩也引春秋者左氏昭公十二年傳云
葬鄭簡公云毀之則朝而傰不毀則日中而傰禮記謂之
封者喪大記與檀弓皆以下棺為封字云音相似者字雖
不同皆作窆音云讀如慶封氾祭之氾者慶封齊大夫有
罪來奔魯魯以饗食之祭先遂覆豆以謂之氾祭但彼氾
氾字只取廣氾之義鄭意讀窆與氾為音同義則異也是

喪首服之灋于宮門注首服之法謂免髽笄總廣狹長短之數縣其書於宮門示四方　釋曰鄭知首服之法是免髽笄總廣狹長短之數者案小宗伯已云縣衰冠之式于路門之外注云制色宜齊同彼云冠專據男子云衰則兼婦人此云首服明兼衰與男子冠直是婦人首服故知唯有免髽笄總耳但始死將斬衰者男子笄纚深衣婦人麻髽幷笄總是以喪服斬衰章云女子子箭笄髽衰三年將齊衰以下者始死男子免婦人布髽也云廣狹長短者鄭注禮記云免蓋象冠廣一寸婦人笄齊衰榛木斬衰箭竹爲之也云縣其書於宮門示四方者小宗伯云縣于路門此宮門亦路門也

掌三公孤卿之弔勞注王使往　釋曰此等皆王合親往今使大僕者或王有故不得親往故使大僕也

王燕飲則相其灋注相左右　釋曰此燕飲謂與諸侯燕若公三燕侯伯再燕子男一燕之等或王與羣臣燕之等皆是其

法有主人酌酒獻賓賓酢主人主人酬賓洗
爵升降之法皆左右相助王故云相其法也**王射則贊**
弓矢注贊謂授之受之　釋曰此謂大射也案大射禮
云大射正執弓小臣授矢於公旣射大射正受弓
天子之禮則大僕授受其法與彼同必知此禮大射禮者
見小臣職云賓射掌事如大僕之法則知大射此大僕所
掌者是也其小臣所掌
賓射亦當授受可知**王眡燕朝則正位掌擯相**
注燕朝朝於路寢之庭王圖宗人之嘉事則燕朝　釋曰
以其路寢安燕之處則謂之燕朝以其與賓客饗食在廟
燕在寢也但與賓客及臣下燕時亦有朝鄭必以王圖宗
人嘉事爲燕朝者以其因燕而朝賓臣燕禮巳有成文圖
宗人嘉事者朝不見故鄭特見之云圖宗人
嘉事者謂宗人冠婚嘉禮之等皆曰嘉事**王不眡**
朝則辭於三公及孤卿注辭謂以王不視朝之意
告之春秋傳曰公有疾不

視朔　釋曰引春秋者文十六年公四不視朔時齊有會公辭疾不往遂不視朔故傳曰公有疾不視朔引之者證不視朔亦是有故不視之意也

小臣掌王之小命詔相王之小灋儀　注小命時事所勑問也小法儀趨行拱揖之容　釋曰大僕所云大命及祭祀賔客詔相之者是大此小臣大僕之佐故掌其小者也云趨行拱揖之容者謂若趨以采薺行以肆夏天子揖同姓之等皆有容儀而詔相之　掌三公及孤卿之復逆正王之燕服位　釋曰諸侯是賔客其復逆大僕尊官掌之三公孤卿是臣在朝廷故小臣掌也　注謂燕居時也玉藻曰王卒食玄端而居　釋曰云燕服位者謂在路寢中聽事訖適後小寢燕居之時故引玉藻卒食玄端而居為證彼在路寢中食訖退適燕寢服玄端朱裳而居之　王之燕

出入則前驅注燕出入若今游於諸觀苑釋曰此私燕出入不要在燕寢中故鄭引漢法游於諸觀苑證之大祭祀朝覲沃王盥釋曰云大祭祀朝覲沃王盥者大祭祀天地宗廟皆是王將獻尸先盥手洗爵乃酌獻故小臣爲王沃水盥手也小祭祀賓客饗食賓射掌事如大僕之灋釋曰祭祀云小則賓客饗食皆蒙小字若然饗還爲小賓客者也小賓客謂諸侯遣臣聘問天子者也賓射對大射亦爲小也注賓射與諸侯來朝者射釋曰此云賓射與射人所云諸侯在朝則皆北面者一也掌士大夫之弔勞凡大事佐大僕釋曰大僕掌三公孤卿之弔勞注王使往此不言王使往亦王使往可知祭僕掌受命于王以眡祭祀而警戒祭祀有司糾百

官之戒具注謂王有故不親祭也祭祀有司有事於祭祀者糾謂校録所當共之牲物　釋曰知此上下是有故使人祭者觀此文勢得知故云受命於王以眡祭祀既祭帥羣有司反命於王以王命勞之明是王合祭有故使人攝之者也既祭帥羣有司而反命以王命勞之誅其不敬者大喪復于小廟釋曰大喪王喪也王生時所有事之處皆復此祭僕復小廟其夏采復大廟其小寢大寢下隸僕復也注小廟高祖以下也始祖曰大廟春秋僖八年秋七月禘于大廟　釋曰其二祧不言復亦應此祭僕復但無寢耳引春秋者證魯以周公爲大廟其餘爲小廟凡祭祀王之所不與則賜之禽都家亦如之注鄭司農云王之所不與謂非郊廟尊祭祀則王不與也則賜之禽公卿自祭其先祖則賜之禽也玄謂王所不與

同姓有先王之廟　釋曰先鄭云王之所不與謂非郊廟尊祭祀則王不與也後鄭不從者案司服六冕所祭皆王合親爲何有非郊廟王不與者乎故不從之先鄭以則賜之禽謂卿大夫自祭其先亦賜之禽後鄭不從者卿大夫自祭其先是其常事何有王皆賜之禽也故以爲同姓有先王廟者若然經都家謂畿内三等采地則文云祭祀是畿外同姓諸侯魯衛之屬者也

凡祭祀致福者展而受之

注臣有祭事必致祭肉於君所謂歸胙也展謂録視其牲體數體數者大牢則以牛左肩臂臑折九个少牢則以羊左肩七个特牲則以豕左肩五个　釋曰云所謂歸胙者案左氏傳驪姬欲譖申生謂申生曰齊姜欲食使大子祭祭訖歸胙于公姬置藥而饋公是有歸胙之事也云體數者大牢則以牛左肩臂臑折九个已下並禮記少儀文凡祭祀周人尚右故右胖皆祭故以左胖致人祭言大牢天子大夫已上少牢謂天子之士彼注云羊豕不言臂臑因牛序之可

知言肩臂臑折九个者則一體折爲三段則牲少體不得
全自外皆然以人多故也皆用前體者前體貴故先用也
御僕掌羣吏之逆及庶民之復與其弔勞
注羣吏府史以下　釋曰大僕掌諸侯復逆小臣掌三公
孤卿復逆此官所云羣吏對庶民是府史以下言以下兼
胥徒若然不見大夫士
者小臣孤卿中兼之矣　大祭祀相盥而登　注相盥者謂奉槃投
巾與登謂爲王登牲體於俎特牲饋食禮主人降盥出舉
入乃上載　釋曰上小臣云沃此又云盥明是奉盤授巾
以其少牢特牲尸盥時有奉盤授巾之事故云也以無正
文故云與以疑之也云登謂爲王登牲體於俎者以其文
承祭祀之事故引特牲上
載載即登牲體於俎也　大喪持翣　注翣棺飾也持之者夾轝車
釋曰依喪大記注引漢禮翣以木爲筐廣三尺高二尺四
寸方兩角高衣以白布畫者畫雲氣謂之畫翣畫之以黼

謂之黼翣之類是也天子用八諸侯用六大夫用四士用二在路夾屋車兩旁入壙則樹之四旁故云棺飾也

掌王之燕令 注燕居時之令 釋曰以御侍近臣故使掌燕居時之令施之於外也

以序守路鼓 注序更 釋曰此即大僕所云建路鼓御僕與御庶子者也序更者即上鄭云直事鼓所者也

隸僕掌五寢之埽除糞洒之事 注五寢五廟之寢也周天子七廟唯祧無寢詩云寢廟繹繹相連貌也前曰廟後曰寢汜埽曰埽埽席前曰拚洒灑也鄭司農云洒當爲灑玄謂論語曰子夏之門人當洒埽應對 釋曰知周天子七廟唯祧之無寢者此云五寢下云小寢大寢不言祧之有寢明二祧無寢也引詩云寢廟繹繹者欲見前廟後寢故云相連之貌也案爾雅釋宮云有東西廂曰廟無曰寢寢廟大況是同有廂無廂爲異耳必須寢者祭在廟薦在寢故立之按昭十八年鄭災簡兵大蒐子大叔之廟在道南其寢

在道北者彼廟不在宮中地隘故廟寢別處也云氾埽曰埽埽席前曰拚者謂埽地遠近之異名及取論語者所以證經洒埽之事也五寢既隸僕埽除其廟案守祧注皆宗伯埽除

祭祀脩寢 注於廟祭寢或有事焉月令凡新物先薦寢廟 釋曰祭祀則在廟可知復云薦寢者寢或有事不可非脩治之也引月令薦寢廟者欲見寢有事彼薦只在寢不在廟連廟言者欲見是廟之寢非生人之寢故也

王行洗乘石 注鄭司農云乘石王所登上車之石也詩云有偏斯石履之卑兮謂上車所登之石 釋曰引詩者是小雅刺幽王之詩言申后乘車履石與王同故云有扁斯石履之卑兮謂履之上車與王同故黜之也

掌蹕宮中之事 注宮中有事則蹕鄭司農云蹕謂止行者清道若今時儆蹕 釋曰宮中須警備故有蹕宮中之事

大喪復于小寢大寢 注小寢高祖以下廟之寢也始祖曰大寢 釋

曰以祭隷僕職甲位小故使之復於小寢也以其高
祖已上廟稱小始祖廟稱大故寢亦随廟爲稱也

弁師掌王之五冕皆玄冕采裏延紐 釋曰云皆玄冕者古者績
麻三十升布染之上以玄下以朱衣之於冕之上下云延者
即是上玄者紐者綴於冕兩旁垂之武兩旁作孔以笄貫
之使得其牢固也凡冕体周礼無文叔孫通作漢礼器制
度取法於周今還取彼以釋之案彼文凡冕以版廣八寸
長尺六寸以此上玄下朱覆之乃以五采繅繩貫五采玉
垂於延前後謂之邃延故玉藻云天子玉藻前後邃延龍
卷以祭 **注** 冕服有六而言五冕者大裘之冕蓋無旒不聯
是也 數也延冕之覆在上是以名焉紐小鼻在武上
笄所貫也今時冠卷當簪者廣袤以冠縱其舊象與 釋
曰云冕服有六者案司服祭祀六服皆連冕言之今此唯
云五冕者但此弁師所掌冕以旒爲主祭天用大裘取質
其冕亦當無旒爲質故此不數之唯有五冕耳故云王之

五冕也云延冕之覆在上案玉藻注延冕上覆言雖不同義則不異皆以玄表覆之在冕上也以爵弁前後平則得弁稱冕則前低一寸餘得冕名冕則俛也以低爲號也云紐小鼻在武上笄所貫也者若今時冠卷當簪者廣袤以冠縰其舊象與者古之紐武笄貫之處若今漢時冠卷當簪所貫者於上下之廣及隨縰之袤以冠縰者貫簪之處當冠縰之中央云舊象者是周冕垂紐於武貫笄之舊象言與者以無正文故云與以疑之

五采繅十有二就皆五采玉十有二玉笄朱紘

釋曰言五采藻十有二者此據袞冕而言謂合五采絲爲藻繩十二道爲十二旒也就皆五采玉十有二者此各據一旒而言玉有五色以青赤黃白黑於一旒之上以此五色玉貫於藻繩之上每玉間相去一寸十二玉則十二寸就成也以一玉爲一成結之使不相并也玉笄朱紘者以玉笄貫之又以組爲紘仰屬結之也

注繅雜文之名也合五采絲

爲之繩垂於延之前後各十二所謂邃延也就成也繩之每一帀而貫五采玉十二斿則十二玉也每就間蓋一寸朱紘以朱組爲紘也紘一條屬兩端於武繅不言皆有不皆者此爲袞衣之冕十二斿則用玉二百八十八鷩衣之冕繅九斿用玉二百一十六毳衣之冕七斿用玉百六十八希衣之冕五斿用玉百二十玄衣之冕三斿用玉七十二

釋曰云繅雜文者若水草之藻有五采故云雜文之名也云所謂邃延也者謂玉藻文云繩之每一帀而貫五采玉十二斿則十二玉也者以其云就皆五采玉十有二明十二玉可知也云紘一條屬兩端於武者謂以一條繩先屬一頭於左旁笄上以一頭繞於頤下至向上於右相笄上繞之是以鄭注士冠禮云有笄者屈組以爲紘垂爲飾無笄者纓而結其條彼有笄據皮弁爵弁此五冕皆有笄與彼同此言屬於武者據笄貫武故以武言之其實在笄云繅不言皆有不皆者謂王之五冕繅則有十二有九有七有五有三其玉旒皆十二故繅不言皆有不皆者則九

旒巳下是也玉言皆則五冕旒皆十二玉也此經十二旒
據袞冕而言是以鄭云此爲袞衣之冕十二旒以其十二
旒旒各十二王前後二十四旒
故用二百八十八巳下計可知 諸侯之繅斿九就
瑉玉三采其餘如王之事繅斿皆就玉瑱
玉笄 釋曰諸公云繅九就又云繅斿皆就作文與上言
繅十有二就皆五采玉十有二 繅玉別文則繅有
差降王無差降此諸公繅玉同文則唯有一冕而巳故鄭
計一冕爲九旒旒各九玉據冕九旒不別計鷩冕巳下以其
一冕而巳冠五服故也巳下侯伯子男亦皆一冕冠數服
也王不言玉瑱於此言之者王與諸侯互見爲義是以王
言玄冕朱裏延紐及朱紘明諸侯亦有之 注侯當爲公字
諸公言玉瑱明王亦有之是其互有也 注之誤也三采
朱白蒼也其餘謂延紐皆玄覆朱裏與王同也出此則異
繅斿皆就皆三采也每繅九成則九旒也公之冕用玉百

六十二玉瑱塞耳者故書瑵作璪鄭司農云繅當爲藻繅古字也藻今字也同物同音璪惡玉名　釋曰鄭知侯當爲公者以下別見諸侯又此經云九就當上公以九爲節故知是公也知三采朱白蒼者聘禮記公侯伯繅藉三采朱白蒼故知三采亦朱白蒼也云出此則異者異謂天子朱紘諸侯當青組紘之等不得與王同也云繅斿皆就三采也每繅九成則九旒也者此釋有一旒九旒之意也云璪惡玉名者案許氏說文璪王采玉從玉燥聲以其三采又非璵璠故云惡玉名也說文又云珉石之美者從玉民聲如是經云瑉玉三采當以璪爲正故先鄭從璪爲惡玉名也

王之皮弁會五采玉璂象邸玉笄注故書會作膾鄭司農云讀如馬會之會謂以五采束髮也士喪禮曰檜用組乃笄檜讀與膾同書之異耳說曰以組束髮乃著笄謂之檜沛國人謂反紒爲膾璂讀如綦車轂之綦玄謂會讀如大會之會會縫中也璂讀如薄借綦之綦綦結也皮弁之

縫中每貫結五采玉十二以爲飾謂之綦詩云會弁如星又曰其弁伊綦綦是也邸下柢也以象骨爲之　釋曰先鄭以會爲五采束髮讀經以爲皮弁會五采引士喪禮及詩國之事後鄭皆不從故以會謂縫中解之先鄭讀從馬會取會結之義又讀璂如車轂綦之綦直取音同未知何義也玄謂會如大會之會漢歷有大會小會取會聚之義故爲縫中又云璂讀如薄借綦之綦綦結也者漢時有薄借綦之語故讀從之亦取結義薄借之語未聞云皮弁之縫中每貫結五采玉十二以爲飾謂之綦者天子以十二爲節約同冕旒也引詩會弁如星者衛詩彼注云會謂弁之縫中飾之以玉皪皪而處狀似星也與經義合故爲證也又曰其弁伊綦是也者璂既爲玉又得爲結義得兩合耳云邸下柢也者謂於弁內頂上以象骨爲柢

王之弁絰弁而加環絰　注弁絰王弔所服也其弁如爵弁而素所謂素冠也而加環絰環絰者大如緦之麻絰纏而不糾司服職曰凡弔事弁絰服

釋曰云弁絰王弔所服也者司服文又雜記云凡弁絰其
衰侈袂故知弁絰是王弔服云其弁如爵弁而素者案曾
子問云麻弁絰鄭云麻弁絰者布弁而加環絰也此不言
麻者皆素爲之故云而素也云所謂素冠者詩云庶見素
冠兮彼素冠謂祥冠與此雖義别同是素爲之云而加環
絰者謂先著素弁於下乃上加環絰故云加也環絰者大
如緦之絰者緦麻經五服之輕者弔服乃五服之外故約
同之但緦之絰則兩股此環絰以一股纏之不糾麤細同
耳引司服者證弁絰是弔服之絰 諸侯及孤卿大夫之冕韋弁皮
弁弁絰各以其等爲之而掌其禁令 釋曰諸侯者上
已言公則此諸侯據侯伯子男云及孤卿大夫者此文既
承諸侯之下故鄭以爲諸侯之孤卿大夫解之也既不别
見天子之臣文中可以兼之上天子與公不言韋弁此言
之亦是互見之義云各以其等爲之不言爵而言等則依

命數注各以其等繅斿玉璂如其命數也冕則侯伯繅七
耳就用玉九十八子男繅五就用玉五十繅玉皆三
采孤繅四就用玉三十二三命之卿繅三就用玉十八再
命之大夫藻再就用玉八藻玉皆朱綠韋弁皮弁則侯伯
璂飾七子男璂飾五玉亦三采孤則璂飾四三命之卿璂
飾三再命之大夫璂飾二玉亦二采弁經之弁其辟積如
冕繅之就然庶人弔者素委貌一命之大夫冕而無斿士
變冕爲爵弁其韋弁皮弁之會無結飾弁經之弁不辟積
禁令者不得相僭踰也玉藻曰君未有命不敢即乘服不
言冠弁冠弁兼於韋弁皮弁矣不言服弁服弁自天子以
下無飾無等　釋曰云各以其等謂藻旒玉璂如其命數
也者經云冕冕故云旒經云弁故云璂如其命數釋經云等
也侯伯子男之冕冕亦據一冕如上公矣侯伯子男繅玉皆
三采者亦約聘禮記藻三采朱白蒼而言之四命巳下皆
據典命公之孤四命公侯伯之卿三命其大夫二命子男
之卿再命大夫一命而言二采朱綠亦據聘禮記聘臣藻

皆二采朱綠而言也云弁絰之弁其辟積如冕繅之就然
者以其弔服非吉故無飾故辟積有數也云庶人弔者素
委貌者此經不云庶人鄭云此者以有大夫已上因言庶
人且欲從下向上因推出士變冕爲爵弁之意也云一命
之大夫冕而無旒者此亦無文鄭知然者凡冕旒所以爲
文飾一命若有則止一旒一玉而已非華美又見一命大
夫衣無章士又避之變冕爲爵弁若一命大夫有旒士則
不須變冕爲爵弁直服無旒之冕矣故知一命大夫無旒
也若然爵弁制如冕但無旒爲異則無旒之冕亦與爵弁
不殊得謂之冕者但無旒之冕亦前低一寸餘故亦得冕
名也云韋弁皮弁之會無結飾弁絰之弁不辟積者一命
大夫及士冕弁既無旒故知無此等云禁令者不得相僭
踰而引玉藻君未有命不敢即乘服者彼諸侯之卿大夫
聘於天子天子賜之冕服歸國告君得君命乃服之未得
君命則爲僭踰故引爲證也云不言冠弁冠弁兼於韋弁
皮弁矣者玄冠緇布衣緇帶素韠天子以爲田服即諸侯

及臣之朝服亦皮弁之類不言之者兼於韋弁皮弁也云
不言服弁即衰經喪服也云不言之者自天子以下無飾
無等者則喪服自天子達士共一章是也自此一經揔苞
諸侯及臣不言天子之臣但天子三公八命卿六命大夫
四命士三命以下冕弁之
屬亦各以其等爲之可知

司甲 闕 釋曰此亦與冬官同時闕也

司兵掌五兵五盾各辨其物與其等以待軍事 釋曰言各辨其物與其等者五兵五盾各有物色與其善惡長短大小之等云以待軍事者案此下有舞者兵及蕨五兵直云以待軍事者五兵五盾以軍事爲主故也 注五盾干櫓之屬其名未盡聞也等謂功沽上下 鄭司農云五兵者戈殳戟酋矛夷矛 釋曰鄭云五盾干櫓之屬其名未盡聞也者案祭統云朱干玉戚以舞大武

秦詩云蒙伐有苑注云伐中干左氏傳建大車之輪以爲櫓而當一隊則有朱干中干及櫓聞其三者二者未聞故云其名未盡聞也云等謂功沽上下者功謂善者爲上等沽謂麤惡者爲下等也必知有此法者見稾人職云書其等以饗工乘其事試其弓弩以下上其食明兵盾亦當然先鄭云五兵者戈殳戟酋矛夷矛者此謂車之五兵故下注云車之五兵司農所云者是也

及授兵從司馬之灋以頒之及其受兵輸亦如之及其用兵亦如之

注從司馬之法令師旅卒兩人數所用多少也兵輸謂師還有司還兵也用兵謂出給衛守 釋曰云授兵從司馬之法者司馬主六軍是一官之長先受於王命知多少乃始出軍故從司馬法以頒之鄭知用兵是出給衛守者以其旣言授兵下別言用兵明是衛守之處須兵者也

祭祀授舞者兵

注授以朱干玉戚之屬 釋曰鄭知此兵是朱干

玉戚者祭統云朱干玉戚以舞大武則大武用朱干玉戚矣又案下司戈盾云祭祀授旅賁殳故士戈盾司兵等於司戈盾明所授兵據以大武朱干玉戚也其司干所授者又是羽籥之等非干戚可知也大喪廞五兵注故書廞爲淫鄭司農云淫陳也淫讀爲廞玄謂廞興作明器之役器五兵也士喪禮下篇有甲冑干笮釋曰先鄭一部之内廞皆從淫故云淫淫爲陳後鄭皆不從皆以爲廞興解之者見司服云大喪共其復衣服斂衣服掌其陳序圉人職云凡賓客喪紀牽馬而入陳廞馬亦如之此此言之廞陳既則廞不得爲陳以興象爲義也云興作明器之役器五兵也者案既夕禮明器之用器有弓矢役器之内甲冑干笮彼雖不具五兵此既言五兵明五者皆有也故鄭引士喪禮下篇甲冑干笮爲證言士喪禮下篇即既夕禮也言士喪禮下篇者以其士喪論葬事士喪與既夕二篇同有記皆在既夕篇下故二篇連言之也案彼注笮謂矢服也軍事建車之

五兵會同亦如之 釋曰云建車之五兵者凡器在車皆有鐵器屈之在車較及輿以兵插而建之故有出先注車之五兵鄭司農所云者是也步卒之刃入後刃之事注五兵則無夷矛而有弓矢 釋曰云鄭司農所云者是也即上文注是也必知如先鄭義者見考工記廬人云戈殳戟酋矛夷矛乃云六建既備車不反覆注六建五兵與人也以是故從司農所云也云步卒之五兵則無夷矛而有弓矢者即司右注引司馬法所云者是也有弓矢是能用五兵者若前驅所建則有四兵反詩云伯也執殳爲王前驅注引考工記車有六等之數除軫與人四兵爲證是也

司戈盾掌戈盾之物而頒之 注分與受用 釋曰分與受用者即下文祭祀會同之等皆是 祭祀授旅賁殳故士戈盾授舞者

兵亦如之注亦頒之也故士王族故士也與旅賁當事
則衛王也殳如杖長尋有四尺　釋曰云故
士王族故士者據司士而言云與旅賁當事則衛王者案
旅賁氏掌執戈盾而趨此執殳者以其與故士同衛王時
以爲儀衛故不執戈盾知殳如杖者盧人所爲不見有刃
故知如杖知尋有四尺者車有六等云及長尋有四尺崇
於人尺也　軍旅會同授貳車戈盾建乘車之戈
盾授旅賁及虎士戈盾　釋曰軍旅會同皆貳車貳
皆有車右故授之以戈盾
云乘車之戈盾者王所乘車有車右故建　注乘車王所乘
戈盾授旅賁氏及虎士戈盾者衛王故也　注車也軍旅則
華路會同則金路　釋曰軍旅乘華路會
同乘金路皆巾車文會同則彼以賓一也　及舍設藩
盾行則斂之　注舍止也藩盾盾可以藩衛者如今之扶
蘇與　釋曰案掌舍王行止住不言設藩

盾者當宿衛之事非止一重除彼梐枑車宫之外别有此藩盾之等也去如今扶蘇者舉漢法以况之也

周禮疏卷第三十七